O MAPA DO **SUCESSO**

CAROL VAZ

O MAPA DO **SUCESSO**

Como utilizar a Astrologia a seu favor e transformar sua vida profissional e pessoal

Academia

Preparação: Elisa Nogueira
Revisão: Maria Aiko Nishijima e Clara Diament
Diagramação: Maurélio Barbosa | designioseditoriais.com.br
Capa: Luiz Sanches Junior

CIP-BRASIL. CATALOGAÇÃO NA PUBLICAÇÃO
SINDICATO NACIONAL DOS EDITORES DE LIVROS, RJ

V495m

Vaz, Carol
O mapa do sucesso : como utilizar a astrologia a seu favor e transformar sua vida profissional e pessoal / Carol Vaz. - 1. ed. - São Paulo : Planeta, 2017.

ISBN 978-85-422-0891-7

1. Astrologia. I. Título.

16-38087 CDD 133.54
CDU 133.52

2017
Todos os direitos desta edição reservados à
EDITORA PLANETA DO BRASIL LTDA.
Rua Padre João Manuel, 100 – 21º andar
Ed. Horsa II – Cerqueira César
01411-000 – São Paulo-SP
www.planetadelivros.com.br
atendimento@editoraplaneta.com.br

Dedico este livro à tia Patricia, que sempre acreditou em mim,
e a todas as pessoas que compreendem que o sucesso é uma
consequência do autoconhecimento.

SUMÁRIO

PARTE I

PARTE II

PARTE I

O que é Astrologia?

O significado da palavra Astrologia é "ciência que estuda os astros". Trata-se de um conhecimento milenar, que data de cerca de 8 a.C. Atualmente, seu estudo está muito relacionado à interpretação da influência dos astros sobre a personalidade humana.

A Astrologia é utilizada por pessoas de todo o mundo em sua busca por autoconhecimento. Desde 2013, nota-se também uma grande busca por parte dos internautas, o que está vinculado ao posicionamento astrológico de Netuno em Peixes (de março de 2012 até março de 2026). Essa posição de Netuno promete uma ampla busca do ser humano por uma conexão com a natureza. É o pequeno ser humano diante da Terra e de todo o Universo.

Astrologia e sucesso

Certamente você já ouviu falar que sucesso é algo pessoal. Neste livro, vamos levar em consideração essa afirmação e explorar o sucesso de forma individual. Porém, como a Astrologia é um campo de conhecimento muito amplo, vamos focar apenas no aspecto financeiro.

Acredito que só é possível ser feliz quando se entra em um ciclo de prosperidade, e o primeiro indício de que você está no caminho certo é não se preocupar com dinheiro, já que essa preocupação trava nosso fluxo de energia. Só é possível ser feliz com êxito profissional, pois este gerará sucesso material e, em consequência, conforto e tranquilidade, condições que fazem com que os seres humanos tomem decisões mais inteligentes e gerem mais felicidade (ou melhor, mais sucesso).

Você vai entender qual é o ciclo de prosperidade analisando seu mapa astral, e, então, só precisará entrar nele. Simples, não é? Simples é, mas não é fácil. Como assim? Você encontrará aqui o caminho (das pedras) para lidar consigo mesmo e evoluir sem sofrer muito. Sem sofrer *muito*, e não sem sofrer *nada*, afinal conhecimento é poder.

Ao longo deste livro, você vai entender que pode ir muito longe se sua mente estiver alinhada com sua alma. É importante lembrar que sua mente é pequena, mas o espírito é grandioso. Sua mente pode fazê-lo pensar que você é pequeno, mas você é universal. Ser medíocre, egoísta e fracassado é uma escolha sua.

Como surgiu o mapa do sucesso?

O mapa do sucesso foi desenvolvido em resposta aos pedidos de clientes que buscam maior sucesso financeiro. Percebendo essa necessidade, procurei criar um modelo de análise do mapa astral que isolasse a área financeira, já que a Astrologia é um campo muito amplo.

Em razão dessa amplitude, é simplesmente impossível interpretar integralmente um mapa astral em uma hora (tempo médio de minha consulta). Nessas tentativas, costumavam restar apenas dez minutos para falar sobre carreira e sucesso. Consequentemente, após essa primeira consulta, muitos clientes pediam outro encontro para falar apenas sobre carreira.

Graças à frequência desses pedidos, desenvolvi essa nova forma de análise, focando cada vez mais no estudo do sucesso financeiro e em aspectos como empreendedorismo, liderança, gestão de tempo, administração, economia, negócios e vendas. Portanto, o mapa do sucesso surgiu de uma necessidade real de transformação pessoal por parte de meus clientes.

A cada consulta, cada pergunta, cada vídeo postado no canal *Papo Astral* e cada dica de clientes e amigos (e muitos clientes viraram amigos e todos os amigos viraram clientes), o modelo do mapa do sucesso foi sendo aperfeiçoado, e é com muito prazer que agora divido com você um pouco da minha experiência com Astrologia e com o sucesso.

Vamos começar?

Antes de tudo, você precisa saber quais são suas características astrológicas. Uma infinidade de sites oferece gratuitamente essas respostas — ou seja, você pode saber todas as suas informações astrológicas de GRAÇA (até os capricornianos podem participar!).

Para descobrir suas informações astrológicas será necessário saber em que cidade, data e hora você nasceu. Caso ainda não conheça suas características astrológicas, dê uma olhada na internet e volte aqui rapidinho!

Atenção! Cada site tem uma aparência diferente, mas as respostas devem ser as mesmas. Recomendo o site Astro, mas use como referência o desenho de seu mapa astral. Se não tiver nenhum conhecimento de Astrologia, você pode visitar o canal *Papo Astral*, no YouTube, e aprender tudo o que quiser por lá. Vejo você nos vídeos!

Depois que descobrir qual é seu ascendente, não perca mais tempo e corra para o seu capítulo. Essa é a informação mais importante, pois o ascendente funciona como base para a análise do mapa do sucesso, já que aponta suas ambições pessoais e profissionais e fala sobre sua forma de ver a vida e sobre a imagem que você passa para as outras pessoas.

Agora vá! Ah, depois dos capítulos dedicados a cada ascendente, você também encontrará uma análise de todos os outros pontos de seu mapa astral nos capítulos relativos a cada astro.

PARTE II

ASCENDENTE EM ÁRIES

Coragem e carisma *versus* egoísmo e impulsividade

Pessoas com ascendente em Áries trazem algumas características importantes para um empreendedor, como ser proativas e entusiasmadas. Como se envolvem muito em suas atividades, essas pessoas acabam por contagiar o ambiente de trabalho e incentivar as outras pessoas.

No mundo dos negócios, é essencial ter atitude e energia para correr atrás do que você deseja, o que também coloca esse ascendente na frente, já que ele possui mais energia e poder de ação do que os outros ascendentes.

Porém, nem tudo são flores. É muito comum que pessoas com ascendente em Áries sejam impacientes e nervosas e tenham atitudes impulsivas ou descontroladas, o que pode perturbar muito uma equipe de trabalho. É importante ter consciência dessa energia e canalizá-la para tarefas que tragam resultados.

Existe também outra grande armadilha, pois quem possui esse ascendente é muito inquieto. Isso pode fazer com que a pessoa realize tarefas que não trazem resultados e tenha a falsa impressão de que está sendo útil quando, na verdade, está perdendo tempo.

Por isso, é importante buscar controlar seus impulsos, seja praticando meditação ou algum exercício físico. Tome cuidado para não arriscar sua carreira envolvendo-se em brigas tolas e discussões fora de hora. Lembre-se de que você tem tudo para dar certo, mas precisa desenvolver o autocontrole, o foco e a disciplina.

Por vezes, pessoas com o ascendente em Áries têm uma visão unilateral que chega a ser infantil, então tente ser mais empático, pois não é só de coragem e carisma que se faz um líder. Para ter sucesso, você precisa agir com coragem, sim, mas também com prudência, caso contrário pode colocar todo o seu trabalho a perder por causa de um erro primário.

É fácil perceber que, assim como os defeitos, as qualidades de quem tem o ascendente em Áries são, de certa forma, infantis. Essas pessoas possuem uma curiosidade ingênua e uma vontade de fazer genuína, características apreciadas pelos outros.

Dessa forma, não busque se impor a qualquer custo, pois isso é desnecessário. No mundo do dinheiro, o importante é sua capacidade de produção. De nada adianta passar o dia inteiro fazendo algo que não vai trazer o retorno desejado. Mesmo que seu objetivo seja trabalhar para terceiros, tenha certeza de que um trabalho rápido e eficiente será apreciado.

É muito comum a quem possui esse ascendente ter mais facilidade em trabalhos individuais, mas, caso queira crescer em sua carreira, você precisará aprender a lidar com as pessoas e principalmente a ter respeito por seus subordinados.

Então, não seja aquela pessoa que fala que faz, mas é dominada pela pressa e deixa projetos inacabados pelo caminho. Por mais difícil que ter mais paciência possa parecer, é melhor desenvolver essa virtude agora do que ficar estagnado na vida profissional em razão de um comportamento inadequado.

Casas do sucesso

Nesta análise, foram consideradas apenas as casas do sucesso, que são voltadas para o aspecto material e foram escolhidas por estarem relacionadas à produtividade e ao retorno financeiro. São as casas do dinheiro (casa 2), do trabalho (casa 6) e do sucesso (casa 10).

Casa do dinheiro em Touro

Em geral, quem possui essa casa em Touro é muito apegado às suas posses e costuma ser um investidor conservador. Os que têm ascendente em Áries, apesar de terem uma atitude corajosa diante de situações pessoais, são mais contidos no âmbito financeiro. É importante que desenvolvam uma postura firme diante da vida financeira e invistam em projetos mais seguros, já que são pessoas impulsivas em suas relações pessoais.

Casa do trabalho em Virgem

A posição da casa do trabalho em Virgem revela pessoas muito dedicadas ao seu trabalho, mas que podem ser irritadiças e cobrar excessivamente os colegas de trabalho. É preciso controlar esses impulsos para não agir de forma errônea, já que tendem a causar confusões e serem muito críticas. Por essa postura, podem estressar-se excessivamente, o que acabará por diminuir a produtividade profissional. É importante manter o perfeccionismo natural dos virginianos e desenvolver habilidades nas relações interpessoais.

Casa do sucesso em Capricórnio

Desde criança, quem tem o ascendente em Áries costuma ter uma postura de liderança e tende a se enxergar como um bom líder. Porém, isso geralmente não condiz com a realidade, já que a casa do sucesso de quem tem o ascendente em Áries está em Capricórnio, o que sugere que é necessário desenvolver a habilidade de liderar com empatia, e não apenas querer mandar nas pessoas por capricho infantil. Quando assume uma postura profissional, que tem o ascendente em Áries costuma ser uma pessoa bem-sucedida.

Signos solares com ascendente em Áries

Áries com ascendente em Áries

Os arianos com ascendente em Áries são pessoas expressivas e autênticas. Tendem a ser impulsivas e devem ter cuidado com essa característica, que pode atrapalhar muito tanto a vida profissional quanto a pessoal. É importante usar toda a sua presença e todo o seu carisma para cativar as pessoas e criar boas relações.

Touro com ascendente em Áries

Os taurinos com ascendente em Áries fogem muito da personalidade taurina "tradicional". São pessoas agitadas, que possuem bastante atitude e não são conformadas, apesar de terem o Sol em Touro. O ascendente em Áries faz com que o taurino corra atrás de seus objetivos financeiros e consiga ter amplos recursos materiais.

Gêmeos com ascendente em Áries

Os geminianos com ascendente em Áries tendem a agir sem pensar nas consequências. Existe uma forte tendência à falta de foco e a movimentos sem direção. É preciso tomar cuidado com esse comportamento e encontrar metas a seguir, pois são pessoas com grande capacidade de executar tarefas.

Câncer com ascendente em Áries

Os cancerianos com ascendente em Áries afastam-se muito das características típicas de um canceriano, já que o ascendente traz a virtude da coragem. Por esse motivo, contrabalançando as características do ascendente em Áries e do Sol em Câncer, tendem a ser pessoas moderadas, mas é preciso ter cuidado com a impulsividade nas relações emocionais.

Leão com ascendente em Áries

Os leoninos com ascendente em Áries são impacientes e rápidos. Podem ser muito egocêntricos, e certamente essa característica atrapalhará tanto sua vida pessoal quanto a profissional. Como possuem muita energia, é importante praticar esportes e ter metas definidas, pois, caso tenham objetivos muito vagos, ficarão "correndo atrás do próprio rabo".

Virgem com ascendente em Áries

Os virginianos com ascendente em Áries tendem a ser muito nervosos e irritados. O virginiano tem como característica o criticismo e o ariano, a impulsividade, ou seja, essa pessoa é uma bomba-relógio! Levando isso em conta, deve evitar conflitos, já que tem uma forte tendência a se envolver em confusões. Com muito foco e atividade, cuidando de seu lazer e bem-estar, certamente será um profissional extremamente eficiente.

Libra com ascendente em Áries

Se você deparar com um libriano com ascendente em Áries, dificilmente vai acreditar que está mesmo diante de um libriano. São pessoas impulsivas e muito atentas à estética. Tendem a ser muito sensuais e a ter atitudes confusas. Gostam de ambientes bonitos e agitados. É importante buscar um equilíbrio, pois são regidas por energias opostas.

Escorpião com ascendente em Áries

Essa combinação é uma bomba! São pessoas intensas e impulsivas, que podem se distrair com coisas superficiais e acabar perdendo um pouco da profundidade escorpiana. É de extrema importância que tenham clareza de seus objetivos ou se envolverão em problemas pequenos e farão tempestades em copo d'água. Devem evitar causar conflitos desnecessários.

Sagitário com ascendente em Áries

Os sagitarianos com ascendente em Áries tendem a ter foco e a ser pessoas diretas. São impulsivos e devem tomar cuidado para não confundir sinceridade com arrogância. É importante praticarem esportes ou qualquer atividade em que possam gastar um pouco de sua energia.

Capricórnio com ascendente em Áries

Os capricornianos com ascendente em Áries fogem um pouco do estereótipo de seu signo solar, já que são pessoas abertas e carismáticas. Essa combinação é resultado da mistura da alma da criança com a alma do velho. O resultado é uma pessoa com objetivos práticos, curiosa e que quer compreender e viver experiências com autenticidade.

Aquário com ascendente em Áries

Os aquarianos com ascendente em Áries são pessoas que colocam suas ideias em prática. São muito criativos e dedicados e arriscam-se na busca por seus objetivos. Devem ter cuidado para não perder oportunidades por causa de birras infantis, pois com todo o seu potencial de criatividade e ação e com metas claras têm grande possibilidade de sucesso profissional.

Peixes com ascendente em Áries

A ascendência em Áries traz iniciativa e movimento para o pisciano, mas também atitudes incoerentes, podendo ser uma pessoa impulsiva que não pensa antes de agir. Para ter sucesso, é interessante trabalhar em ambientes artísticos.

Posicionamentos de Mercúrio para que tem o ascendente em Áries

Em seu mapa astral, você poderá checar o signo em que Mercúrio se encontrava no momento de seu nascimento. Como esse planeta está especialmente associado à compreensão de sua imagem pessoal e de sua forma de pensar e comunicar-se, analisaremos em detalhes a influência de seu posicionamento para os ascendentes em Áries. Na última parte deste livro, você também encontrará informações específicas sobre o posicionamento de cada astro.

Mercúrio em Áries

Os ascendentes em Áries que possuem Mercúrio também em Áries são donos de uma forma de comunicação direta e aprendem rapidamente qualquer assunto. No ambiente de trabalho, essas características combinadas são ótimas para atividades que exigem ações rápidas. Porém, devem tomar cuidado para não ser muito grossos, já que podem falar sem pensar e criar conflitos sem nem mesmo perceber.

Mercúrio em Touro

Quem tem Mercúrio em Touro é muito prático, ainda que tenda a tomar decisões de forma mais lenta, enquanto o ascendente em Áries traz rapidez e impulso para obter resultados. Combinadas, essas duas características formam pessoas muito eficientes em atividades voltadas para a área financeira.

Mercúrio em Gêmeos

Ter Mercúrio em Gêmeos significa pensar em muitas coisas ao mesmo tempo, o que pode trazer certa confusão mental e até indecisão. A pessoa que tem o ascendente em Áries contrabalança a indecisão com sua facilidade de colocar ideias em prática, mas podem ter dificuldade em seguir um projeto. Nesse caso, é aconselhável trabalhar em projetos coletivos ou em atividades em que outras pessoas possam dar andamento às ideias. De qualquer forma, é extremamente importante buscar um foco.

Mercúrio em Câncer

A posição de Mercúrio em Câncer sugere um processo de pensamento mais emocional e alguém que fala apenas o que sente. Com o ascendente em Áries, essa pessoa tenderá a levar tudo para o lado pessoal, o que pode acabar atrapalhando as relações de trabalho. Se esse for o seu caso, busque usar sua energia para criar vínculos emocionais com seu trabalho e evitar conflitos. Se usar sua comunicação a seu favor, poderá inspirar muitas pessoas.

Mercúrio em Leão

As pessoas que têm Mercúrio em Leão pensam muito em si mesmas e conseguem aprender qualquer assunto com facilidade. Como sabem comunicar-se bem, podem ser bons líderes. É importante controlar o ego e tentar enxergar o ponto de vista das outras pessoas. Caso contrário, podem ficar focadas em si e esquecer que não se faz nada sozinho.

Mercúrio em Virgem

São pessoas que pensam de forma sistematizada e são muito observadoras. Aqueles com ascendente em Áries que têm Mercúrio em Virgem não serão tão impulsivos na fala, mas podem ser demasiadamente críticos e ter conflitos com outras pessoas. É importante usar suas habilidades naturais para pensar e agir de forma coerente.

Mercúrio em Libra

Esse posicionamento indica alguém que tende a falar pouco e agir muito, característica bastante valorizada no mercado de trabalho. O Mercúrio em Libra faz a pessoa ponderar bastante sua fala enquanto o ascendente em Áries leva a agir de forma impulsiva. Esse é um ótimo posicionamento quando existe inteligência emocional para lidar com ele, já que pode haver um grande conflito entre falar ou não falar e uma tendência a se arrepender de atitudes impulsivas.

Mercúrio em Escorpião

Sua capacidade de observação e mentalidade estratégica podem ser ótimas ferramentas no trabalho, se não forem usadas para passar por cima dos outros, já que a pessoa compreende o meio em que se encontra e tem poder de ação. Existe um forte impulso a tomar atitudes extremas e a explodir sem aviso prévio. São pessoas que podem facilmente chegar a altos cargos se conseguirem ter controle sobre esses momentos explosivos.

Mercúrio em Sagitário

Aqui, a curiosidade e a expansividade do sagitariano encontram a impulsividade do ascendente em Áries. É alguém que fala tudo que pensa, sem papas na língua, é muito curioso e não vê problema em se arriscar. No ambiente de trabalho, é importante pensar um pouco antes de tomar atitudes impulsivas, pois você não estará respondendo apenas por si, mas sim pela equipe ou pelo projeto em que está envolvido.

Mercúrio em Capricórnio

Trata-se de uma pessoa muito prática, que pode ser vista como grossa, característica que o ascendente em Áries reforça. É alguém que fala o que pensa. Como o signo de Capricórnio é muito voltado para o trabalho, essa pessoa certamente terá facilidade para resolver problemas e colocar a mão na massa, já que tem a tendência de tomar iniciativas. É um posicionamento interessante para o aspecto profissional.

Mercúrio em Aquário

Cheio de ideias, quem possui Mercúrio em Aquário não encontra a menor dificuldade para discordar dos outros, principalmente se tiver o ascendente em Áries. São pessoas que defendem suas opiniões com toda a força e devem ter cuidado para não ser inflexíveis. Quando aprendem a expor suas opiniões de forma pacífica, são ouvidas e se tornam ótimas mentoras em suas áreas.

Mercúrio em Peixes

Enquanto a posição de Mercúrio em Peixes aponta para alguém muito sonhador e com facilidade de abstração, o ascendente em Áries traz características quase opostas. São pessoas que podem falar de forma desordenada e ter dificuldade em expor suas ideias. Quando conseguem alinhar seu pensamento com suas ações, inspiram qualquer um e ganham uma capacidade de comunicação fascinante.

ASCENDENTE EM TOURO

Concentração e prudência *versus* teimosia e preguiça

As pessoas que possuem ascendente em Touro são naturalmente trabalhadoras e empenhadas. Elas costumam desenvolver sua ambição muito cedo por desejarem ter um alto nível de conforto. No trabalho, agem com firmeza e paciência e buscam agradar a seus colegas.

Porém, existe um conflito de interesses dentro da pessoa, que ao mesmo tempo que busca conforto tende a ser preguiçosa. Por esse motivo, as pessoas com ascendente em Touro nem sempre têm uma carreira próspera, e muitas vezes acabam buscando esse conforto material nos rendimentos do cônjuge.

A influência taurina é extremamente valorizada no mundo dos negócios, já que é preciso consistência para que algo se firme no mercado, característica que quem possui ascendente em Touro conhece bem. Por não gostarem de desperdiçar seu tempo, essas pessoas também costumam ser extremamente práticas e perfeccionistas.

As pessoas com ascendente em Touro têm um bom perfil para cargos de confiança, pois são mais estáveis, não gostam de mudar de emprego ou projeto. Por outro lado, é preciso tomar cuidado com a tendência a ser teimosa e a fixar-se em uma ideia antiquada, pois vivemos no mundo da tecnologia da informação, onde tudo é muito rápido. Quem para no tempo fica desatualizado e acaba sendo jogado para fora do mercado.

Para quem tem esse ascendente, é importante buscar trabalhos e objetivos de longo prazo, em que possam fazer carreira, ou empreendimentos que tragam retornos perenes. No caso de serem empreendedores, devem tomar muito cuidado com seu perfil mais conservador, pois, se não investirem em seu projeto, acabarão ficando estagnados e sendo engolidos pelos concorrentes.

Pessoas que possuem ascendente em Touro também costumam ser materialistas e muito apegadas aos seus bens, então devem tomar cuidado para não ver as pessoas ao seu redor como objetos e não se tornar altamente possessivas, inclusive com seu trabalho. Podem ser pessoas difíceis pelo apego que criam aos projetos em que estão trabalhando ou por só aceitarem sua própria opinião.

Quem possui ascendente em Touro quer, no final das contas, deixar sua marca na humanidade, sentir que está fazendo algo realmente útil a longo prazo. Por isso, fique atento a possíveis comportamentos de procrastinação e não deixe que a preguiça atrapalhe seus sonhos.

Casas do sucesso

Nesta análise, foram consideradas apenas as casas do sucesso, que são voltadas para o aspecto material e que foram escolhidas por estarem relacionadas à produtividade e ao retorno financeiro. São as casas do dinheiro (casa 2), do trabalho (casa 6) e do sucesso (casa 10).

Casa do dinheiro em Gêmeos

A casa do dinheiro em Gêmeos indica pessoas desapegadas, que costumam gastar muito com conhecimento e diversões aleatórias. Contudo, a postura conservadora de quem tem o ascendente em Touro, que busca empregos mais estáveis e gasta de forma planejada, possibilita uma tranquilidade financeira.

Casa do trabalho em Libra

As pessoas que possuem ascendente em Touro são muito amáveis e companheiras em suas relações de trabalho, pois costumam ouvir seus colegas e buscam um ambiente harmonioso para todos. São inteligentes e reúnem o máximo de informações antes de tomar decisões. É importante que tenham uma postura firme em relação aos seus posicionamentos, pois têm forte tendência a aceitar as opiniões dos outros apenas por medo de uma rejeição.

Casa do sucesso em Aquário

Esse posicionamento da casa do sucesso revela pessoas que buscam melhorar a sociedade e que querem construir um mundo melhor. Elas costumam ter bastante interesse em novas tecnologias e formas de pensamento. Para quem tem ascendente em Touro, o sucesso é sentir que está construindo um futuro próspero para as próximas gerações e que deixará sua marca no mundo. Trabalhos inovadores trarão muita realização profissional.

Signos solares com ascendente em Touro

Áries com ascendente em Touro

Os arianos que possuem ascendente em Touro não são tão impulsivos como um ariano típico. Preferem manter a harmonia do ambiente, porém têm opiniões e personalidade fortes. São firmes, resistentes e determinados. Essa combinação é muito boa, já que une a persistência do taurino e a iniciativa característica do signo de Áries.

Touro com ascendente em Touro

Os taurinos com ascendente em Touro geralmente são bonitos, calmos e charmosos. Transmitem harmonia para quem está à sua volta e são muito amáveis. Taurinos típicos, também são teimosos e insistentes em suas próprias opiniões.

Gêmeos com ascendente em Touro

Os geminianos com ascendente em Touro são mais calmos e focados e gesticulam menos. Essa é uma combinação contraditória para o geminiano, que pensa de forma impulsiva. Com esse ascendente, ele se torna mais contido e tende a só agir quando tem certeza do que está fazendo.

Câncer com ascendente em Touro

Os cancerianos com ascendente em Touro são típicos cancerianos, já que Touro e Câncer são signos muito parecidos.

Ambos são amáveis, caseiros, conservadores e muito voltados à família. O ascendente em Touro dá ao canceriano mais estabilidade emocional e mais tranquilidade na forma de pensar e agir.

Leão com ascendente em Touro

Os leoninos com ascendente em Touro são extremamente focados e ambiciosos, porém são muito conservadores e lentos para agir. Possuem uma postura firme ao mesmo tempo que escondem um grande medo em relação ao desconhecido. É preciso que tomem cuidado, pois têm grande tendência a serem pessoas teimosas e fechadas.

Virgem com ascendente em Touro

A ascendência em Touro dá certa tranquilidade à personalidade mais nervosa do virginiano. Além disso, faz com que o virginiano busque prazeres em seu dia a dia, o que diminui muito seu nível de estresse, se comparado a outros virginianos.

Libra com ascendente em Touro

Os librianos com ascendente em Touro são pessoas totalmente voltadas para o belo e para o bem-estar. São confiáveis e sempre evitam conflitos. Como gostam de aproveitar a vida, buscam segurança e geralmente se encaixam melhor em profissões estáveis.

Escorpião com ascendente em Touro

Os escorpianos com ascendente em Touro são mais tranquilos, além de focados, confiáveis e amáveis. Apesar de serem muito observadores, não fazem questão de mostrar essa característica para as outras pessoas. Preferem manter uma postura mais serena e calma a causar conflitos, algo mais comum entre os outros escorpianos.

Sagitário com ascendente em Touro

A expansividade do sagitariano e a estabilidade do taurino costumam produzir pessoas com muitos amigos e boas relações de trabalho, que trazem alegria e confiabilidade ao seu meio.

Capricórnio com ascendente em Touro

Os capricornianos com ascendente em Touro são constantes e confiáveis, mas podem ser muito inseguros e focar toda a sua autoestima em aspectos materiais. Esse comportamento deve ser evitado, já que o amor-próprio é um sentimento a ser cultivado, e não algo que você possa comprar.

Aquário com ascendente em Touro

Os aquarianos com ascendente em Touro buscam segurança e estabilidade, ainda que internamente sejam típicos rebeldes. Existe uma contradição entre sentimentos e pensamentos dentro dessas pessoas, que buscam segurança financeira ao mesmo tempo que desejam realizar trabalhos criativos. Ir pelo caminho de arrumar um emprego estável e maçante é dar um tiro no pé.

Peixes com ascendente em Touro

Os piscianos com ascendente em Touro são constantes, calmos e serenos. Também são muito sonhadores, mas não costumam mostrar essa qualidade. A influência taurina dá ao pisciano certo "pé no chão". São pessoas com grande capacidade de realizar seus sonhos, pois unem aspectos realistas e sonhadores.

Posicionamentos de Mercúrio para quem tem ascendente em Touro

Em seu mapa astral, você poderá checar o signo em que Mercúrio se encontrava no momento de seu nascimento. Como esse planeta está especialmente associado à compreensão de sua imagem pessoal e de sua forma de pensar e comunicar-se, analisaremos em detalhes a influência de seu posicionamento para que tem o ascendente em Touro. Na última parte deste livro, você também encontrará informações específicas sobre o posicionamento de cada astro.

Mercúrio em Áries

Os que têm ascendente em Touro geralmente gesticulam pouco e são mais calmos. Com o posicionamento de Mercúrio em Áries, podem dar sustos nas pessoas, pois ficam quietos e, de repente, falam algo que choca todos ao redor. São pessoas com pensamento ágil, mas, em razão do conflito entre os dois signos, existe uma tendência a serem caladas e inseguras.

Mercúrio em Touro

As pessoas que possuem Mercúrio em Touro e ascendente em Touro são extremamente práticas e focadas, com uma tendência a ser inertes e até preguiçosas. Têm uma grande necessidade de estabilidade e podem ficar totalmente inseguras em momentos de escassez financeira, já que são muito materialistas. É importante usar essa característica para gerenciar os trabalhos com eficiência.

Mercúrio em Gêmeos

Quem possui Mercúrio em Gêmeos e ascendente em Touro é muito voltado para a área financeira e pode gostar de estudar administração ou economia, por exemplo. São pessoas práticas e rápidas. Existe um conflito entre os signos, pois o Mercúrio em Gêmeos pensa em várias coisas enquanto o ascendente em Touro demora para executar seus projetos. É importante buscar o equilíbrio: focar mais e procrastinar menos.

Mercúrio em Câncer

Tanto a posição de Mercúrio em Câncer como o ascendente em Touro dão a essas pessoas uma perspectiva emocional da vida e um desejo por uma segurança utópica. É importante que tenham cargos de confiança ou gestão.

O ponto-chave aqui é "dar confiança", já que você pode ficar bastante frustrado se buscar confiança em sistemas ou empregos. Porém, se der confiança ao outro, estará mais seguro em sua posição ou em seu cargo.

Mercúrio em Leão

A comunicação segura de Mercúrio em Leão e a solidez e constância do ascendente em Touro tendem a resultar em uma personalidade altamente ambiciosa, que pode querer dominar tudo e todos. Se usar essas características para liderar pessoas, você terá grande êxito. O contraponto é a teimosia e a inflexibilidade, pois, se você agir assim o tempo inteiro, não se permitirá aprender coisas essenciais para seu desenvolvimento e, consequentemente, não terá o sucesso que deseja.

Mercúrio em Virgem

As pessoas que possuem Mercúrio em Virgem pensam de forma organizada, enquanto o ascendente em Touro busca segurança material. Aqui, a tendência é buscar profissões e empregos seguros. Por outro lado, é importante não querer segurança a todo custo, pois você pode ficar preso em situações complicadas e desfavoráveis simplesmente pelo medo de mudar. Pessoas com esse posicionamento são estáveis no ambiente de trabalho.

Mercúrio em Libra

Tanto Mercúrio em Libra como o ascendente em Touro sugerem pessoas que pensam muito antes de falar, evitam conflitos e são pacíficas. No trabalho, podem ser diplomatas.

Que tem o ascendente em Touro tende a ser procrastinador e o Mercúrio em Libra, indeciso, características que podem intensificar uma e outra.

Mercúrio em Escorpião

Nesse caso, o ascendente em Touro mascara a influência de Mercúrio em Escorpião. São pessoas que se comunicam de forma fofa e delicada, mas têm pensamentos profundos e são extremamente observadoras. É uma boa combinação, que leva seus nativos a atuar em áreas voltadas para finanças, já que buscam ter controle sobre tudo ao redor. Contudo, devem ter cuidado para que o desejo excessivo de controle não se transforme em estresse.

Mercúrio em Sagitário

Essa é uma combinação estranha e interessante. Quem tem Mercúrio em Sagitário gosta bastante de conversar, enquanto o ascendente em Touro é mais quieto, então a tendência é que a pessoa goste de conversar e tenha uma mente bastante ativa, mas um corpo mais "paradão". São pessoas com inteligência financeira e pensamento ágil para todas as questões práticas da vida. No trabalho, são sérias e confiáveis.

Mercúrio em Capricórnio

A posição de Mercúrio em Capricórnio com ascendente em Touro traz seriedade e firmeza no modo de enxergar o mundo. Certamente é uma pessoa que passa segurança para as outras, mas pode dar muito peso a si mesma, achar que tudo é sua responsabilidade e cobrar-se demais por situações que fogem ao seu controle. Por isso, deve buscar manter a cabeça mais aberta.

Mercúrio em Aquário

As pessoas que possuem Mercúrio em Aquário são criativas e agitadas, porém o ascendente em Touro as faz buscar tranquilidade e estabilidade, por isso a tendência aqui é usar a inteligência para criar situações confortáveis, trabalhando com projetos sólidos ou até mesmo consolidando projetos inovadores. A forma de agir dessas pessoas é confusa, já que estão sob a influência de signos muito diferentes. O importante é propor-se desafios voltados para a área financeira.

Mercúrio em Peixes

Essa combinação é harmônica e voltada para o lado artístico. A presença de Mercúrio em Peixes garante facilidade de abstração, enquanto o ascendente em Touro busca concretização. Ambos dividem ainda um ponto de interseção, o amor pela beleza, com facilidade para inspirar-se e inspirar outras pessoas. Por outro lado, existe também uma forte tendência à procrastinação, então as pessoas com essa combinação devem estar sempre em ação.

♊

ASCENDENTE EM GÊMEOS

Comunicação e flexibilidade *versus* dispersão e superficialidade

Pessoas com ascendente em Gêmeos costumam ter muitas dúvidas sobre que carreira seguir. Sua principal característica, serem abertas às possibilidades e bastante curiosas, confunde-as, deixando-as indecisas e instáveis.

Que tem o ascendente em Gêmeos é o famoso "pau para toda obra": sabe um pouco sobre tudo e consegue aprender coisas novas com facilidade, mas logo se cansa da nova atividade. Por esse motivo, é essencial que busque trabalhos dinâmicos, em que possa usar sua criatividade e comunicar-se com pessoas diferentes diariamente. Dificilmente se enquadrará em uma atividade monótona.

Apesar de todas as dificuldades relacionadas à escolha profissional, o momento atual da humanidade é perfeito para quem possui uma personalidade dinâmica. Em nosso mundo conectado, é essencial ser flexível e ter boa comunicação, características naturais de quem tem esse ascendente.

Então, pode-se dizer que quem possui ascendente em Gêmeos, apesar de ter sofrido no mundo industrial, no qual sua personalidade criativa só podia obter realização profissional em áreas ligadas à arte ou à publicidade, encontra amplas vantagens no mercado de trabalho atual, em que o mais importante é justamente saber comunicar-se bem e ter flexibilidade e talentos variados.

Mesmo que as pessoas com ascendente em Gêmeos se sintam constantemente confusas em virtude de seu grande fluxo de pensamentos, não é preciso buscar um emprego formal e tradicional, pois isso não vai trazer segurança financeira, já que o mundo mudou. Atualmente, é mais importante realizar projetos criativos e conectar-se com o mundo em grande escala. Um projeto empreendedor ou um trabalho com liberdade criativa em uma empresa aberta à inovação, seja de pequeno ou de grande porte, será uma ótima opção para que essas pessoas não se sintam reféns de um sistema quadrado. Esse é o seu momento!

Casas do sucesso

Nesta análise, foram consideradas apenas as casas do sucesso, que são voltadas para o aspecto material e que foram escolhidas por estarem relacionadas à produtividade e ao retorno financeiro. São as casas do dinheiro (casa 2), do trabalho (casa 6) e do sucesso (casa 10).

Casa do dinheiro em Câncer

Os que têm ascendente em Gêmeos, por serem bastante desapegados em relação a pessoas e pensamentos, tendem a criar vínculos emocionais com seus bens materiais, como roupas e objetos caros, e a gastar grande parte de seu dinheiro com conforto. Mimam-se com suas comidas preferidas em dias aleatórios e tendem a usar seu dinheiro para dar presentes e alimentar as poucas pessoas por quem nutrem afeto.

Casa do trabalho em Escorpião

A casa do trabalho ocupada por Escorpião revela pessoas intensas na área profissional, que buscam trabalhos transformadores e com grande significado emocional e espiritual. A curiosidade do ascendente em Gêmeos reflete-se nessa casa, pois existe uma forte tendência a trabalhos em que é preciso investigação e observação, geralmente atividades intelectuais envolvendo a escrita. Para esse ascendente, o mais importante é realizar atividades com significados profundos.

Casa do sucesso em Peixes

A casa do sucesso em Peixes traz o desejo de entregar-se totalmente à vida. Por esse motivo, pessoas com ascendente em Gêmeos jogam-se em experiências arriscadas e tendem a não pensar muito em coisas materiais. É mais importante a experiência de viver do que o que a pessoa irá ganhar com isso. O verdadeiro sucesso para que tem o ascendente em Gêmeos é ter uma vida de aprendizados plenos, sem se prender e experimentando um pouco de tudo.

Signos solares com ascendente em Gêmeos

Áries com ascendente em Gêmeos

Os arianos com ascendente em Gêmeos são altamente agitados e comunicativos. O ascendente contrabalança a agressividade do signo solar, intensificando o carisma e a abertura para novas pessoas. Esses são arianos mais intelectuais, que adoram um bom papo. Costumam ser carismáticos, voltados para o mundo acadêmico e cheios de histórias para contar.

Touro com ascendente em Gêmeos

Os taurinos com ascendente em Gêmeos são mais agitados. Gostam de conversar e certamente vão falar, em algum momento, "mas eu nem pareço taurino". Eles mantêm a persistência e a responsabilidade de seu signo solar, com um movimento maior trazido pelo ascendente.

Gêmeos com ascendente em Gêmeos

Os geminianos com ascendente em Gêmeos são extremamente agitados. São pessoas muito comunicativas e com pouco foco. Como possuem interesses variados, devem ter muito cuidado para não desejarem tudo e acabarem não fazendo nada. São carismáticos, mas precisam desenvolver a capacidade de foco e a persistência.

Câncer com ascendente em Gêmeos

Os cancerianos com ascendente em Gêmeos são mais frios. Não são nada dramáticos, e, pelo contrário, podem até ser um pouco insensíveis. São curiosos, racionais e muito criativos. Como o Sol em Câncer traz um aspecto emocional bastante forte, são, em geral, pessoas muito transparentes sobre o que pensam e o que sentem. Podem ser bem instáveis e devem tomar cuidado com essa característica.

Leão com ascendente em Gêmeos

Os leoninos com ascendente em Gêmeos são curiosos, leves e muito carismáticos. Perdem muito das características negativas de seu signo solar, como o orgulho excessivo e a ambição desmedida. O ascendente em Gêmeos traz aos leoninos mais reflexões sobre a vida e mais facilidade nas relações interpessoais.

Virgem com ascendente em Gêmeos

Os virginianos com ascendente em Gêmeos são altamente curiosos e racionais. Gostam de estudar qualquer assunto e devem tomar certo cuidado com isso, já que tendem a ser muito dedicados e não é possível dedicar-se a tudo. É importante buscar atividades que estimulem a mente, mas não devem tentar abraçar o mundo, pois isso pode gerar um grande estresse.

Libra com ascendente em Gêmeos

Os librianos com ascendente em Gêmeos são soltos e carismáticos. Possuem muitos amigos e fazem tudo o que podem para agradar a todos, o que certamente gera problemas, já que agradar a todos é impossível. Também existe um problema de indecisão, pois os librianos já tendem a ser indecisos e os que têm o ascendente em Gêmeos querem tudo ao mesmo tempo. É preciso trabalhar a capacidade de foco e a persistência para não enlouquecer.

Escorpião com ascendente em Gêmeos

Os escorpianos com ascendente em Gêmeos são muito agitados e impulsivos. Além disso, são curiosos e tendem a gostar de tudo que esteja relacionado aos mistérios humanos, como, por exemplo, psicologia e neurociência. São pessoas intensas e sem foco, o que é contraditório. Podem dedicar sua atenção a alguma coisa e, logo em seguida, perder o interesse sem motivo algum.

Sagitário com ascendente em Gêmeos

Os sagitarianos com ascendente em Gêmeos são comunicativos e expansivos e querem viver o máximo de experiências no menor tempo possível. São curiosos, inteligentes e intelectuais. Tendem a ser um tanto perdidos na vida, pois querem experimentar tudo. É importante que mantenham o foco em alguma atividade e tentem avaliar os riscos de suas aventuras.

Capricórnio com ascendente em Gêmeos

Os capricornianos com ascendente em Gêmeos são carismáticos e focados, além de inteligentes e observadores. Não são necessariamente pessoas abertas, mas são sociáveis. O ascendente em Gêmeos tende a equilibrar a personalidade fechada dos capricornianos.

Aquário com ascendente em Gêmeos

Os aquarianos com ascendente em Gêmeos são curiosos, criativos e perdidos. Totalmente imprevisíveis, buscam transcender-se mentalmente. É preciso que desenvolvam a capacidade de foco e trabalhem em atividades criativas, já que se sentirão muito desconfortáveis em outros ambientes.

Peixes com ascendente em Gêmeos

Os piscianos com ascendente em Gêmeos são sonhadores, mas devem procurar agir, e não apenas viver em um mundo dentro de sua própria cabeça. São muito criativos, com grande inspiração para a área artística. É preciso que busquem projetos que deem solidez à sua mente criativa ou pessoas que deem um rumo à sua vida.

Posicionamentos de Mercúrio para quem tem ascendente em Gêmeos

Em seu mapa astral, você poderá checar o signo em que Mercúrio se encontrava no momento de seu nascimento.

Como esse planeta está especialmente associado à compreensão de sua imagem pessoal e de sua forma de pensar e comunicar-se, analisaremos em detalhes a influência de seu posicionamento para quem tem o ascendente em Gêmeos. Na última parte deste livro, você também encontrará informações específicas sobre o posicionamento de cada astro.

Mercúrio em Áries

As pessoas que têm esse posicionamento falam de forma fluente, aprendem rápido e não têm papas na língua. Costumam pensar sobre várias coisas e criar projetos mentalmente. Têm pensamento rápido, mas é necessário colocar as ideias em prática; caso contrário, podem ficar apenas pensando sobre o que teria acontecido se tivessem seguido o projeto. O mais importante é que busquem agir. Também é interessante diminuir o fluxo de pensamento, com práticas como a meditação, por exemplo.

Mercúrio em Touro

Essas pessoas dividem-se entre a imaginação e o pensamento material, ou seja, possuem uma ótima capacidade para atuar em projetos financeiros e gerenciar pessoas. Porém, é preciso alinhar esses dois aspectos, pois são muito diferentes, quase opostos. É essencial que compreendam sua criatividade prática e usem essa qualidade da melhor forma.

Mercúrio em Gêmeos

Aprender muito rápido e pensar em mil coisas ao mesmo tempo são características dessas pessoas, que são espertas e inteligentes. Ter Mercúrio e o ascendente em Gêmeos é muito interessante, pois isso traz uma facilidade para aprender tudo que é intelectual e muita criatividade. O problema, contudo, é quererem fazer mil coisas ao mesmo tempo e terem problemas de foco, vendo-se incapazes de concluir seus projetos.

Mercúrio em Câncer

Ocorre aqui um conflito entre imagem e comunicação, pois são pessoas que parecem atenciosas ao mesmo tempo que são inquietas e rápidas. É importante ter certo cuidado para evitar mal-entendidos, já que podem parecer cuidadosas e, depois, ser bem frias. Se esse é o seu caso, deixe claro para os outros como é sua personalidade e não se force a ser algo que você não é.

Mercúrio em Leão

Esse posicionamento revela pessoas inteligentes e com boas percepções de liderança, mas que devem tomar cuidado com sua arrogância, já que costumam falar bastante sobre si e ignorar o outro. Para o melhor uso de suas qualidades, o ideal é trabalhar suas habilidades de comunicação e refinar sua fala. Existe certo talento para falar em público, que precisa ser desenvolvido.

Mercúrio em Virgem

As pessoas que têm esse posicionamento são muito observadoras, analíticas e inteligentes e possuem carisma e boa capacidade de comunicação. Apesar de boas no campo teórico, podem ter problemas com a execução de suas ideias, tanto por pensarem demais como por procrastinarem por medo de as coisas ainda não estarem perfeitas. É um bom posicionamento para a área intelectual.

Mercúrio em Libra

Esse posicionamento sugere pessoas altamente carismáticas, curiosas e interessadas em agradar aos outros. Podem ser ótimos comunicadores, pois conversam de forma atrativa para o ouvinte e dominam vários assuntos interessantes.

Mercúrio em Escorpião

Com sua mente investigativa e extremamente observadora, essas pessoas conseguem perceber qualquer indício de mentira ou ruído na comunicação. Elas querem saber sobre tudo e certamente irão encontrar as informações que procuram sobre tudo e todos. Devem tomar cuidado para não ficarem muito paranoicas nem se convencerem de situações inexistentes.

Mercúrio em Sagitário

Esse é um casamento perfeito. São pessoas carismáticas, curiosas e agradáveis. São aquelas que chegam e animam todo o ambiente. Gostam de conversar sobre tudo e estão sempre dispostas a fazer novas amizades. O problema é a dificuldade de foco e síntese de seu pensamento, pois, por gostarem de se expressar, podem querer falar muito e acabar não falando nada. Essa é uma grande armadilha no que diz respeito à comunicação.

Mercúrio em Capricórnio

É uma combinação muito boa, pois existem curiosidade e foco na forma de pensar. São pessoas inteligentes e rápidas, que gostam de fazer novas amizades. Existe uma grande preocupação com a segurança e, ao mesmo tempo, vontade de fazer coisas diferentes; portanto, precisam equilibrar a preocupação em manter o que está garantido e os benefícios de abrir-se para a vida.

Mercúrio em Aquário

As pessoas que possuem essa combinação são altamente criativas e impacientes. Pensam muito e veem o mundo sob sua própria ótica. Gostam de conversar sobre os mais diversos assuntos, são curiosas e estão sempre dispostas a fazer algo novo. Devem tomar cuidado com sua falta de foco e com discussões ideológicas, pois podem ser prejudicadas por bate-bocas sem importância.

Mercúrio em Peixes

Esse posicionamento revela pessoas muito criativas, com um grande poder de abstração. Têm tendência às artes e a tudo que seja vinculado à beleza. São pessoas que podem pensar muito em situações ideais e ter facilidade com pintura ou música. Porém, existe certa dificuldade com a vida prática, pois podem ser muito esquecidas e sem foco. Por isso, devem definir algumas metas para manter algum nível de ordem na vida.

ASCENDENTE EM CÂNCER

Primor e confiabilidade *versus* apego e manipulação

É comum as pessoas com ascendente em Câncer buscarem trabalhos mais seguros, em grandes corporações, ou uma longa carreira em empresas familiares, lugares onde se sentem protegidas. Costumam ser profissionais detalhistas, atenciosos, responsáveis e confiáveis, apesar de lentos.

No mercado de trabalho atual, os que têm ascendente em Câncer experimentam certo sentimento de inadequação, pois quase nada é previsível e tudo que parece estável pode mudar a qualquer momento. É importante que trabalhem a autoconfiança, pois existe uma forte tendência a não acreditarem em suas próprias capacidades e sabotarem seus próprios planos.

Como Câncer é um signo maternal, as pessoas que possuem esse ascendente costumam, com a idade, ficar cada vez mais dóceis e atenciosas. No trabalho, são boas ouvintes e, mesmo sendo tímidas, possuem boa capacidade de gerenciamento por serem muito cuidadosas.

Esses profissionais certamente estarão dispostos a encarar horas extras caso a empresa precise de tal ajuda. Isso é um fator importante, pois, como são muito atenciosos, sacrificam-se pela empresa em que trabalham. No geral, possuem uma postura afável, são tranquilos e buscam pacificar o ambiente de trabalho.

Um ponto a ser observado são as possíveis mudanças de humor, pois são pessoas muito emotivas, que criam vínculos com os outros funcionários e com seus superiores e, consequentemente, são influenciadas pelo ambiente. Em casos críticos, podem ser extremamente instáveis, inclusive mal-humoradas.

Os com ascendente em Câncer dificilmente são ambiciosos; pelo contrário, com sua tendência à baixa autoestima, querem apenas fazer sua parte com primor, sem se interessar por troféus. Como buscam aceitação, costumam ter bom caráter, porém não conseguem esconder seus sentimentos, podendo facilmente parecer frágeis e fracos.

De qualquer forma, profissionais com ascendente em Câncer são importantes dentro de qualquer empresa por sua tendência conservadora, sua obediência aos superiores e seu conforto diante de hierarquias. Na verdade, precisam de tarefas claras, pois o grande objetivo de quem tem o ascendente em Câncer é fazer parte, sentir-se "mãe" dos projetos que desenvolve.

Pessoas com esse ascendente dificilmente deixarão empregos estáveis para se aventurar em um novo projeto. Por esse motivo, é muito cômodo manter esse funcionário, que tende a ser dedicado e ceder a pressões. Por outro lado, ambientes ríspidos, com pessoas grosseiras ou onde haja muita pressão, podem ser extremamente tóxicos a essas pessoas, que absorvem todo o estresse gerado em um ambiente pesado.

Também existe outro lado dos que têm o ascendente em Câncer: apesar de parecerem bonzinhos e fofos, eles nem sempre o são. Na verdade, podem ser pessoas extremamente manipuladoras e mentirosas apenas para não ficarem mal com ninguém.

Como são muito emotivas, tendem a guardar rancor de chefes ou colegas por assuntos profissionais ou exposições que consideraram desnecessárias. Além disso, podem ignorar um fato por não quererem lidar com a realidade ou ficar mentalmente presas no passado.

Dica de sucesso para esses profissionais: compreendendo as tendências de sua personalidade, verifica-se facilmente que são pessoas que se encaixam melhor em atividades em que seja necessário conservar, cuidar e manter algo. Áreas que exigem um perfil mais proativo e com iniciativa não são aconselháveis. Os com ascendente em Câncer respondem bem a regras claras de comportamento e metas definidas por seus superiores; sem elas, ficarão perdidos e inseguros, podendo até ficar doentes, por sua tendência a envolver-se emocionalmente.

Casas do sucesso

Nesta análise, foram consideradas apenas as casas do sucesso, que são voltadas para o aspecto material e que foram escolhidas por estarem relacionadas à produtividade e ao retorno financeiro. São as casas do dinheiro (casa 2), do trabalho (casa 6) e do sucesso (casa 10).

Casa do dinheiro em Leão

Quem tem o ascendente em Câncer possui essa casa em Leão, por isso tende a comprar objetos caros para seu lar e gosta de coisas duradouras e sofisticadas. Também gosta de ostentar seus bens para seus familiares e mimar o cônjuge com presentes caros. A pessoa com ascendente em Câncer pensa muito na preservação de seus objetos, por isso sempre prefere adquirir itens mais caros, como carros de luxo.

Casa do trabalho em Sagitário

Pessoas com essa casa em Sagitário têm forte necessidade de trabalhos em que haja contato com uma ampla diversidade de pessoas, como turismo e viagens, pois tendem a ser tímidas e fechadas e esse tipo de trabalho ajuda a desenvolver seu lado comunicativo. Trabalhos intelectuais e voltados para a sociedade também são muito atraentes. Essas pessoas são curiosas e agradáveis no ambiente de trabalho e buscam ser úteis em suas atividades.

Casa do sucesso em Áries

Quem possui essa casa em Áries teve uma infância pacífica e buscou aprovação antes de tomar atitudes. Por esse motivo, existe, na vida adulta, uma busca por viver a própria personalidade e ser uma pessoa autêntica. Nesse caso, o sucesso está vinculado à expressão pessoal. O grande desejo é ser como quiser, mas é preciso quebrar a barreira da busca pela aceitação externa para se sentir realmente bem-sucedido na vida profissional.

Signos solares com ascendente em Câncer

Áries com ascendente em Câncer

Os arianos com ascendente em Câncer são mais emotivos e ligados à família. O ascendente diminui a impulsividade do signo solar e faz com que as pessoas busquem segurança. Podem ser muito explosivas e ter dificuldade para controlar as próprias emoções.

Touro com ascendente em Câncer

Os taurinos com ascendente em Câncer são fofos e amáveis. Costumam ser caseiros e emotivos e valorizam os pequenos prazeres da vida, como cozinhar, por exemplo. Têm tendência a serem protetores com seus cônjuges, amigos e familiares.

Gêmeos com ascendente em Câncer

O Sol em Gêmeos com ascendente em Câncer cria um conflito, já que Gêmeos é um signo muito racional enquanto Câncer é muito emocional. A fusão dessas duas características cria uma pessoa inconstante, que demonstra suas emoções em alguns momentos e, em outros, parece muito fria.

Câncer com ascendente em Câncer

Os cancerianos com ascendente em Câncer são amorosos e voltados para a família. São pessoas conservadoras, reservadas e calmas, com uma tendência à timidez, então devem tomar cuidado para não serem fechadas demais. São cuidadosas e tendem a guardar mágoas e ater-se a situações do passado.

Leão com ascendente em Câncer

Os leoninos com ascendente em Câncer são fofos e emotivos e buscam ser admirados pelas pessoas mais próximas. São protetores e gostam de cuidar dos amigos e familiares. Podem ser dramáticos e mais fechados do que os leoninos típicos, além de perfeccionistas em suas atividades.

Virgem com ascendente em Câncer

Os virginianos com ascendente em Câncer tendem a ser caseiros e voltados para a vida profissional e familiar. Em geral, são tímidos e fechados e não gostam que invadam seu espaço pessoal.

Libra com ascendente em Câncer

Os librianos com ascendente em Câncer podem ser obsessivos com relacionamentos afetivos, já que Libra é o signo do relacionamento e Câncer, um signo emotivo. São altamente carentes e precisam tomar cuidado para não tentar se adaptar a tudo e a todos e afastar-se de sua própria personalidade.

Escorpião com ascendente em Câncer

Os escorpianos com ascendente em Câncer são extremamente emotivos e reservados e alimentam um forte senso de proteção em relação a seus amigos e familiares. Têm muito foco na área profissional, mas podem ater-se demais a emoções do passado, sendo bastante rancorosos.

Sagitário com ascendente em Câncer

Os sagitarianos com ascendente em Câncer cultivam vários vínculos emocionais, mas é um engano achar que essas relações se formam facilmente. O ascendente traz certa timidez para os sagitarianos, que se tornam menos "escandalosos" do que a maioria dos sagitarianos.

Capricórnio com ascendente em Câncer

Os capricornianos com ascendente em Câncer se diferenciam por serem focados e, ao mesmo tempo, donos de grande empatia. O ascendente dá ao signo solar uma inteligência emocional que os capricornianos não costumam ter. São pessoas sensíveis e focadas.

Aquário com ascendente em Câncer

Os aquarianos com ascendente em Câncer tendem a ser instáveis, já que Aquário é um signo regido pelas ideias e Câncer, um signo regido pelas emoções. São pessoas que formam vínculos muito facilmente, ao mesmo tempo que são desapegadas. Buscam construir uma família e ter mais vínculos emocionais, mas costumam ter dificuldades em alcançar esse objetivo.

Peixes com ascendente em Câncer

Os piscianos com ascendente em Câncer são muito ligados à família e possuem tendência à instabilidade. São sonhadores, porém têm medo de se arriscar. É necessário prestarem atenção a essa característica, pois a falta de iniciativa pode acabar lhes atrapalhando a vida.

Posicionamentos de Mercúrio para quem tem ascendente em Câncer

Em seu mapa astral, você poderá checar o signo em que Mercúrio se encontrava no momento de seu nascimento. Como esse planeta está especialmente associado à compreensão de sua imagem pessoal e de sua forma de pensar e comunicar-se, analisaremos em detalhes a influência de seu posicionamento para os que têm ascendente em Câncer. Na última parte deste livro, você também encontrará informações específicas sobre o posicionamento de cada astro.

Mercúrio em Áries

As pessoas que possuem esse posicionamento falam abertamente sobre suas emoções. Apesar de aparentarem certa timidez, acabam por falar o que pensam, mesmo que o façam de forma mansa e calma. São pessoas sinceras, mas não gostam de magoar os outros, o que pode ser conflitante. O ideal é que reflitam sobre seus limites de comunicação, pois têm tendência a se culparem pelo que dizem.

Mercúrio em Touro

Esse posicionamento revela pessoas tranquilas e calmas. O Mercúrio em Touro traz uma visão prática em relação à vida. Têm tendência ao pensamento conservador e podem até mesmo ser pessoas fechadas, tímidas e com dificuldade para conversar. É importante que compreendam a necessidade natural de introspecção e busquem abrir-se mais e manter suas relações.

Mercúrio em Gêmeos

As pessoas com Mercúrio em Gêmeos e ascendente em Câncer criam uma personalidade contraditória, pois são muito emotivas, mas frias em sua forma de comunicação. Elas tendem a racionalizar tudo ao seu redor, o que pode tirar um pouco de sua sensibilidade. Devem tomar cuidado para não parecerem instáveis e dissimuladas.

Mercúrio em Câncer

Quem tem esse posicionamento é cuidadoso com suas palavras e adora ouvir os outros. Pode ser o conselheiro dos amigos, pois transmite calma e afeto aos outros. São pessoas que gostam de relações íntimas e estão sempre dispostas a cuidar dos amigos e familiares. Também têm forte tendência à melancolia e ao isolamento, o que, em excesso, pode atrapalhar tanto a vida pessoal quanto a profissional.

Mercúrio em Leão

São pessoas muito protetoras, mas também focadas em si mesmas, com uma tendência a importarem-se apenas com seus próprios sentimentos, apesar de gostarem de cuidar dos demais. É um posicionamento complexo, já que Câncer é um signo sentimental enquanto Leão é egocêntrico. Essa mistura pode criar pessoas bem dramáticas, que costumam fazer tempestade em copo d'água. É preciso que sempre analisem se seu ponto de vista está adequado à realidade ou se estão exagerando.

Mercúrio em Virgem

Esse posicionamento é responsável por pessoas muito detalhistas e simples, que não precisam de muito luxo. Tendem a gostar de cozinhar e a cuidar das outras pessoas. São emotivas, mas não costumam falar sobre o que sentem. Podem ser tímidas e fechadas e devem tomar cuidado para não exagerarem na dose de introspecção, pois isso poderá afetar negativamente sua vida profissional.

Mercúrio em Libra

Pensar muito antes de falar é uma característica das pessoas com Mercúrio em Libra e ascendente em Câncer. São pessoas amorosas, que fazem tudo para agradar aos outros, podem até esquecer-se de si mesmas. Pensam bastante em seus relacionamentos afetivos e tendem a ser mais caladas e observadoras. Gostam de lugares calmos e belos, com flores, por exemplo, e buscam beleza e aconchego em todas as áreas da vida. Tendem a ter bons relacionamentos no trabalho, apesar de não possuírem muita ambição.

Mercúrio em Escorpião

Altamente sentimentais, essas pessoas têm grande facilidade para perceber tudo ao seu redor. Como são muito sensitivas, podem acabar absorvendo energias negativas de outras pessoas e ficando melancólicas. De todo modo, são pessoas que enxergam os sentimentos dos outros.

Mercúrio em Sagitário

É um posicionamento contraditório, já que Mercúrio em Sagitário revela pessoas animadas e falantes e o ascendente em Câncer, personalidades mais tímidas e introvertidas. Com a fusão dos dois, temos pessoas que tendem a ser tímidas, mas que de repente falam algo chocante. São mais inseguras com os desconhecidos, mas na intimidade são abertas e falam sobre tudo.

Mercúrio em Capricórnio

Este é outro posicionamento contraditório: pessoas com o ascendente em Câncer possuem aparência emotiva, enquanto o Mercúrio em Capricórnio confere a elas um caráter frio e calculista, o que pode trazer dúvidas e confusões. O importante é aceitar os dois lados e ponderá-los para escolher o melhor caminho a seguir.

Mercúrio em Aquário

São as típicas pessoas tímidas que, quando começam a conversar, são cheias de ideias e não param de falar. Apesar de a pessoa com o ascendente em Câncer tender à introspecção, Mercúrio em Aquário é criativo e reflexivo. Da mesma forma que podem surpreender, podem também decepcionar os outros, já que, no fim das contas, sua aparência sensível não condiz com a realidade.

Mercúrio em Peixes

Essa personalidade emotiva e sensível é interessante para pessoas que lidam com a área da saúde, em que é essencial gostar de cuidar do outro. No entanto, podem ser muito instáveis, por isso é recomendado que façam algum trabalho artístico, mesmo que seja por hobby, para liberar essas emoções. Um grande erro é se isolar, já que são pessoas que tendem à melancolia.

♌

ASCENDENTE EM LEÃO

Firmeza e ambição *versus* egocentrismo e arrogância

Pessoas com ascendente em Leão são ambiciosas e certamente visam aos cargos mais altos quando entram em uma empresa. São esforçadas, firmes e decididas, porém nem sempre possuem as habilidades que consideram ter. Tendem a superestimar suas qualidades, o que pode gerar uma grande dificuldade em lidar com seus superiores. Não são necessariamente competitivas, porque não conseguem ver grande valor em seus concorrentes.

Esse é um bom posicionamento para cargos de liderança, pois são pessoas responsáveis e comprometidas, que tendem a influenciar os outros por serem autênticas e ignorarem as opiniões alheias sobre sua personalidade. Em razão de sua vaidade, são facilmente manipuladas por elogios quando não se conhecem bem.

Quem possui esse ascendente costuma ter forte sensualidade e magnetismo, chamando toda a atenção do ambiente para si e atraindo as outras pessoas. Comumente vinculam-se às pessoas mais poderosas da corporação, ou, caso invistam em seu próprio negócio, procuram parceiros afortunados.

Como buscam poder, dificilmente se curvam a lideranças, mas essa postura firme pode trazer muitos problemas profissionais. Outro problema é o egocentrismo, pois podem confundir produtividade e elogios.

Costumam ser pessoas de caráter forte, com rígidas normas de conduta pessoal. São extravagantes e se superestimam, podendo ter uma visão muito turva de si mesmas.

De toda forma, são fortes e podem mover montanhas e influenciar todos ao seu redor. Tudo dependerá do nível de maturidade, pois há potencial para ser um grande líder ou só uma criança mimada que quer tudo do seu jeito.

Uma coisa é certa: são pessoas autênticas e fiéis à sua própria personalidade. Qualquer trabalho que exija mudança de personalidade não durará muito na vida das pessoas com ascendente em Leão.

Casas do sucesso

Nesta análise, foram consideradas apenas as casas do sucesso, que são voltadas para o aspecto material e que foram escolhidas por estarem relacionadas à produtividade e ao retorno financeiro. São as casas do dinheiro (casa 2), do trabalho (casa 6) e do sucesso (casa 10).

Casa do dinheiro em Virgem

Essa casa revela pessoas muito organizadas financeiramente e que se preocupam com o futuro, pois que tem o ascendente em Leão tende a gastar demais e a ter uma vida de ostentação. Quem possui essa casa em Virgem também pode ser estressado e excessivamente preocupado com a vida financeira, por isso é necessário buscar um equilíbrio para evitar desenvolver problemas de saúde.

Casa do trabalho em Capricórnio

A casa do trabalho em Capricórnio revela pessoas com habilidade para gerenciar outras. É muito comum que quem possui ascendente em Leão seja líder em seu trabalho e organize a equipe para cumprir metas, pois são pessoas que têm uma visão global e facilidade para identificar as qualidades e as dificuldades profissionais de cada indivíduo. É importante desenvolver a flexibilidade e evitar posturas ditatoriais. No geral, são pessoas altamente esforçadas e focadas em seus objetivos.

Casa do sucesso em Touro

Pessoas que possuem a casa do sucesso em Touro são altamente materialistas e estão sempre pensando em como ganhar mais dinheiro e ter uma vida mais tranquila e rica. Os que têm ascendente em Leão costumam ter êxito profissional cedo, pois existe uma cobrança interna muito grande em relação a conquistar uma vida de luxos e prazeres. Ao contrário da impressão que transmitem, o objetivo deles não é aparecer, mas sim ganhar dinheiro.

Signos solares com ascendente em Leão

Áries com ascendente em Leão

Os arianos com ascendente em Leão são impulsivos e cheios de energia e de vontade de fazer as coisas acontecerem. São muito egocêntricos, mas, se se entregarem ao ego, terão bastante dificuldade para chegar aonde querem, já que muitas pessoas tendem a derrubar líderes com esse tipo de postura.

Touro com ascendente em Leão

Os taurinos com ascendente em Leão são autoconfiantes e focados na vida profissional. Costumam ficar ricos, já que são muito ambiciosos, mas precisam tomar cuidado com a teimosia em excesso e buscar ouvir as opiniões de outras pessoas, pois tendem a se achar donos da verdade.

Gêmeos com ascendente em Leão

Os geminianos com ascendente em Leão são enérgicos, criativos e carismáticos. Bons comunicadores, conquistam as pessoas facilmente, mas são impacientes. Devem tomar cuidado, pois podem ser arrogantes e egocêntricos.

Câncer com ascendente em Leão

Os cancerianos com ascendente em Leão são carismáticos e inspiradores. Costumam esconder suas fraquezas, exibindo um ar de segurança e responsabilidade em relação às suas atividades. São divertidos e comprometidos em seus relacionamentos, sejam eles afetivos, familiares ou profissionais.

Leão com ascendente em Leão

Os leoninos com ascendente em Leão são seguros e espontâneos. Gostam de expressar suas opiniões e não pedem permissão para invadir o espaço alheio. São pessoas esforçadas no que fazem, podendo ser excepcionais, mas é importante ter cuidado com o ego e com a arrogância.

Virgem com ascendente em Leão

Os virginianos com ascendente em Leão são perfeccionistas e bastante cuidadosos com sua autoimagem. São excelentes comunicadores e facilmente acompanhados pelo público. São estrategistas, têm pensamento prático e trabalham duro para alcançar o sucesso. Devem evitar achar que são melhores que as outras pessoas.

Libra com ascendente em Leão

Os librianos com ascendente em Leão são muito focados na aparência e na beleza. São inteligentes e conquistam as pessoas com facilidade, pois esbanjam charme. O contraponto aqui é a tendência a serem muito superficiais, já que costumam dar muito valor à estética sem se aprofundar na essência.

Escorpião com ascendente em Leão

Os escorpianos com ascendente em Leão são dominadores e querem conquistar seu espaço. Gostam de saber tudo que está acontecendo ao seu redor e buscam ser respeitados pelas pessoas próximas. Como são controladores, devem ter em mente que nem tudo está sob seu controle, e podem desenvolver doenças causadas por estresse.

Sagitário com ascendente em Leão

Os sagitarianos com ascendente em Leão são alegres e têm forte poder de liderança. Buscam ter sucesso e viver intensamente. O ascendente em Leão tira muito da impulsividade do sagitariano típico, dando certa solidez à pessoa. São pessoas curiosas e inteligentes, que precisam desenvolver sua capacidade de planejamento para ter maior êxito na vida.

Capricórnio com ascendente em Leão

Os capricornianos com ascendente em Leão são muito voltados para a vida profissional, mas é preciso cuidado para não serem pessoas estressadas que abdicam de todos os aspectos da vida apenas para viver a profissão. Existe uma forte tendência a ter sucesso, já que são pessoas muito dedicadas, comprometidas e empenhadas.

Aquário com ascendente em Leão

Os aquarianos com ascendente em Leão são muito originais e chamativos. Certamente terão sucesso profissional, já que possuem bastante brilho e são inteligentes. Têm forte tendência a serem solitários, por focarem apenas em si mesmos. É importante desenvolver relacionamentos afetivos com os outros para não se sentirem isolados.

Peixes com ascendente em Leão

Os piscianos com ascendente em Leão são charmosos, românticos, bonitos e criativos. O ascendente em Leão traz brilho e revela a beleza interior do pisciano. Geralmente são pessoas positivas que buscam trabalhar em prol dos outros.

Posicionamentos de Mercúrio para quem tem ascendente em Leão

Em seu mapa astral, você poderá checar o signo em que Mercúrio se encontrava no momento de seu nascimento. Como esse planeta está especialmente associado à compreensão de sua imagem pessoal e de sua forma de pensar e comunicar-se, analisaremos em detalhes a influência de seu posicionamento para os que têm ascendente em Leão. Na última parte deste livro, você também encontrará informações específicas sobre o posicionamento de cada astro.

Mercúrio em Áries

As pessoas que possuem Mercúrio em Áries e ascendente em Leão são diretas e sinceras, então devem tomar cuidado para não parecerem arrogantes e grosseiras. Elas pensam e respondem com rapidez. Se não refletirem sobre essas ações, podem agir sem pensar e acabar perdendo tudo que construíram. De todo modo, são pessoas ativas e desbravadoras.

Mercúrio em Touro

Aqueles que têm ascendente em Leão com esse posicionamento buscam dinheiro e conforto. Podem ser muito ambiciosos e ótimos administradores, ao mesmo tempo que gananciosos e prepotentes. Nesse caso, o importante é saber equilibrar a ambição financeira e a vida pessoal.

Mercúrio em Gêmeos

Espertas e atentas a tudo, essas pessoas gostam de mostrar seu conhecimento e fazem amizades facilmente. Caso o Mercúrio em Gêmeos não seja equilibrado, podem parecer confusas e incapazes de uma comunicação mais profunda. Se bem utilizado, esse posicionamento revela ótimos líderes e educadores.

Mercúrio em Câncer

Essa posição é, de certa forma, conflituosa, já que quem tem o Mercúrio em Câncer é muito emotivo e passivo, enquanto o ascendente em Leão é forte e dominante. Têm forte tendência a falar de si mesmos e de seus sentimentos e a buscar significado emocional no poder ou em tudo em que se envolvem.

Mercúrio em Leão

Quem tem esse posicionamento é muito forte e tende a falar muito de si mesmo. São pessoas muito expressivas, que devem tomar cuidado com suas opiniões, já que tendem a ver apenas o seu lado e ser egocêntricas. O importante é usar a expressividade para animar e inspirar as outras pessoas.

Mercúrio em Virgem

As pessoas que possuem Mercúrio em Virgem pensam muito antes de falar e se preocupam com sua imagem. Costumam ser estudiosas e ter ótimas habilidades de comunicação. Podem ser excessivamente autocríticas e ter dificuldade de falar o que realmente pensam. Esse é um posicionamento conflitante com o ascendente em Leão, mas, se for bem utilizado, é ótimo para o magistério e cargos de liderança.

Mercúrio em Libra

Essas são pessoas simpáticas e carismáticas, que costumam gostar de agradar com suas palavras, ao mesmo tempo que são chamativas. Tendem a não falar muito, mas, quando falam, toda a atenção é voltada para elas. Sabem contornar situações de conflito e fazer prevalecer sua ideia.

Mercúrio em Escorpião

As pessoas com esse posicionamento são intensas e profundas. Como o ascendente em Leão é chamativo e firme, sua forma de comunicação é forte, tornando-as pessoas transformadoras, que conseguem modificar os ambientes por onde passam. Também são controladoras e devem ter cuidado para não sofrer danos à saúde por causa do estresse em seu dia a dia.

Mercúrio em Sagitário

A posição de Mercúrio em Sagitário sugere pessoas alegres e bem-humoradas, que chamam a atenção por onde passam, gostam de fazer piadas e adoram conversar. São líderes exóticos, que pensam diferente e possuem espírito de liderança. São espirituosas e donas de forte energia e grande luz. Precisam tomar cuidado com uma ambição desmedida, pois não é possível viver de ilusão.

Mercúrio em Capricórnio

São líderes muito práticos, que gostam de ter controle sobre tudo e querem ter grande êxito profissional. Têm uma tendência à arrogância com a qual é preciso ter cuidado, pois sua forma de comunicação é fria e autoritária, o que pode acabar irritando os colegas de trabalho. Devem ter mais empatia com as pessoas.

Mercúrio em Aquário

Quem tem esse posicionamento tende a ser genial, a pensar de forma diferente e a não ter medo de expor seus pontos de vista. São pessoas que pensam sobre a humanidade e sobre causas sociais. Em geral, são comunicativas e animadas. Podem ser bons líderes, mas precisam de maturidade para lidar com a oposição entre a vontade de aparecer e ter sua própria opinião.

Mercúrio em Peixes

Poéticas e criativas, são pessoas brilhantes, que gostam de viver intensamente. São inspiradoras e trazem muitas alegrias às pessoas ao seu redor. Costumam ser vistas como heróis ou pessoas "encantadas", mas possuem dificuldade em agir com firmeza, característica essencial em um bom líder.

♍

ASCENDENTE EM VIRGEM

Organização e praticidade *versus* inflexibilidade e irritabilidade

A maioria das pessoas que possuem ascendente em Virgem é bastante tímida. Mais introspectivas, não costumam se expor, muito menos no ambiente de trabalho. Cultivam a erudição e a inteligência e aprendem rápido. Geralmente, são dedicadas às suas funções e tendem a ser pacíficas e cordiais.

Têm forte tendência ao perfeccionismo e a serem muito críticas, o que pode criar uma grande barreira no avanço rumo ao êxito profissional, pois tendem a ser mais teóricas do que práticas. Em consequência de se cobrarem muito e agirem pouco, tendem a ser nervosas e ansiosas.

No trabalho, cumprem suas funções com primor e dedicação, buscando preservar o passado e reforçar os valores da empresa. Por outro lado, como são irritadiças, em razão da pressão que colocam sobre si mesmas, podem ser pessoas difíceis no trabalho, tendendo a levar suas críticas para a vida pessoal dos colegas ou até mesmo a agir como um vigia, controlando as atividades de todos. São verdadeiros fiscais, o que pode ser excelente, caso esse seja seu papel dentro da empresa.

Dificilmente confrontarão alguém abertamente; pelo contrário, a tendência é fazer comentários ácidos e críticos de forma sutil. Como costumam achar que todos devem seguir suas normas de conduta e gostam de criticar, precisam tomar muito cuidado para não serem rabugentas e indesejáveis no ambiente de trabalho.

Dentro da Astrologia, é comum vincular os que têm ascendente em Virgem a profissões que exigem cuidado e detalhismo, em geral ligadas à saúde. Por outro lado, por serem inseguros e pensarem bastante antes de tomar decisões, dificilmente se encaixarão em profissões em que seja essencial ter agilidade.

Existe também uma tendência à pouca ambição material, buscando apenas o básico, um conforto mínimo. Para aqueles com esse ascendente, o importante é realizar bem seu trabalho, muitas vezes fazendo até o trabalho dos outros.

Casas do sucesso

Nesta análise, foram consideradas apenas as casas do sucesso, que são voltadas para o aspecto material e que foram escolhidas por estarem relacionadas à produtividade e ao retorno financeiro. São as casas do dinheiro (casa 2), do trabalho (casa 6) e do sucesso (casa 10).

Casa do dinheiro em Libra

Quem possui a casa do dinheiro em Libra geralmente gasta para agradar aos outros. Também é comum a quem tem ascendente em Virgem ser cortês em seus relacionamentos e dar muitos presentes ao parceiro, porém, como pessoas com esse ascendente vinculam dinheiro a relacionamentos, podem desistir da vida financeira e profissional diante de um desequilíbrio amoroso. Também gostam de investir em sua própria aparência, usando roupas e acessórios caros.

Casa do trabalho em Aquário

A posição dessa casa em Aquário revela pessoas proativas e criativas no âmbito profissional, que conseguem chegar a soluções diferentes dentro de suas tarefas. Quem tem o ascendente em Virgem é observador e detalhista, por isso consegue notar aspectos ignorados pelos outros e ter uma visão diferenciada de suas atividades. É importante tomar cuidado para não ser excessivamente crítico nem rejeitar a capacidade profissional dos outros.

Casa do sucesso em Gêmeos

A casa do sucesso em Gêmeos indica uma busca pelo aprendizado intelectual. Quem tem o ascendente em Virgem tem tendência ao universo teórico e pouco interesse em lidar com a vida prática. Para ele, o sucesso está em aprender e ensinar da melhor forma possível. Pode ser um ótimo mentor e professor, pois possui um grande poder de análise crítica e excelentes habilidades de comunicação.

Signos solares com ascendente em Virgem

Áries com ascendente em Virgem

Os arianos com ascendente em Virgem não são impulsivos, mas têm iniciativa. São tímidos e não gostam de se expor. São voltados para a vida profissional e dedicados às pessoas queridas. Devem tomar cuidado para não ser críticos e irritados.

Touro com ascendente em Virgem

Os taurinos com ascendente em Virgem são calmos, trabalhadores e perfeccionistas. Gostam de arrumar a casa e ter tudo sob controle. Essa personalidade controladora resulta em uma vida estável, pois também buscam relacionamentos mais seguros e confiáveis.

Gêmeos com ascendente em Virgem

Os geminianos com ascendente em Virgem são extremamente intelectuais. O ascendente diminui a tendência à superficialidade do geminiano, por isso se tornam mais organizados, metódicos e ligados ao trabalho. São mais materialistas e tímidos.

Câncer com ascendente em Virgem

Os cancerianos com ascendente em Virgem costumam ser extremamente tímidos e observadores. São cuidadosos com os seus pertences, que, por isso, costumam durar muito tempo. Da mesma forma, são muito ligados a relacionamentos afetivos e podem ser protetores com seus amigos e familiares.

Leão com ascendente em Virgem

Os leoninos com ascendente em Virgem são muito dedicados às suas atividades e até perfeccionistas. Procuram ser admirados, mas essa característica não costuma transparecer, já que têm certa timidez e insegurança. Devem tomar cuidado para não serem autocríticos nem acharem que tudo que fazem poderia ser melhor.

Virgem com ascendente em Virgem

Os virginianos com ascendente em Virgem são extremamente perfeccionistas e também podem ser observadores e "reclamões", não se satisfazendo com nada à sua volta. É importante encontrar atividades que proporcionem relaxamento e buscar diminuir a cobrança sobre si mesmos.

Libra com ascendente em Virgem

Os librianos com ascendente em Virgem são preocupados com a imagem que passam, e, por serem muito autocríticos, podem desenvolver certa insegurança. É importante que tomem cuidado com a tendência a querer agradar excessivamente, suprimindo a própria personalidade. Devem buscar agir conforme suas próprias vontades, e não apenas satisfazer os desejos dos outros.

Escorpião com ascendente em Virgem

Os escorpianos com ascendente em Virgem são extremamente cautelosos e analíticos em suas ações. Estrategistas por natureza, farão tudo para conseguir o que querem, analisando os mínimos detalhes. Devem tomar cuidado para não serem chatos, pois Escorpião é um signo de extremos, enquanto o virginiano é crítico. Esse encontro pode levar a tempestades em copo d'água sem que se ao menos perceba.

Sagitário com ascendente em Virgem

Os sagitarianos com ascendente em Virgem são mais cuidadosos e não se jogam de cabeça em aventuras, apesar de gostarem delas. Podem ser excessivamente críticos com os outros e até se sentirem superiores a eles. São mais voltados para o trabalho.

Capricórnio com ascendente em Virgem

Os capricornianos com ascendente em Virgem são focados, analíticos e ambiciosos. Costumam seguir carreiras tradicionais, dada a grande necessidade por segurança financeira. Podem ser extremamente tímidos, tendo dificuldade em criar novos relacionamentos.

Aquário com ascendente em Virgem

Os aquarianos com ascendente em Virgem são altamente intelectuais e criativos. Graças à sua grande facilidade de aprendizado, conseguem colocar suas ideias em prática com certa tranquilidade. Como são dois signos racionais, podem ser frios e ter dificuldade em estabelecer relacionamentos íntimos.

Peixes com ascendente em Virgem

Os piscianos com ascendente em Virgem são mais focados. Apesar de criativos, costumam colocar em prática aquilo que almejam. São sonhadores, mas conseguem levar a vida com praticidade. Gostam muito de ajudar os outros. As características opostas dos signos de Peixes e Virgem podem lhes trazer certa confusão.

Posicionamentos de Mercúrio para quem tem ascendente em Virgem

Em seu mapa astral, você poderá checar o signo em que Mercúrio se encontrava no momento de seu nascimento. Como esse planeta está especialmente associado à compreensão de sua imagem pessoal e de sua forma de pensar e comunicar-se, analisaremos em detalhes a influência de seu posicionamento para os que têm o ascendente em Virgem. Na última parte deste livro, você também encontrará informações específicas sobre o posicionamento de cada astro.

Mercúrio em Áries

As pessoas que têm esse posicionamento tendem a ser muito críticas, ainda que costumem falar sem pensar. São características conflitantes, pois, ao mesmo tempo que são observadoras, possuem uma fala impulsiva e podem ofender os outros. Por outro lado, podem ter facilidade em tomar decisões rápidas sobre assuntos práticos.

Mercúrio em Touro

São pessoas práticas e dedicadas tanto ao trabalho quanto às suas relações pessoais. Gostam de situações previsíveis e são estáveis na forma de pensar. Devem ter cuidado para não serem excessivamente conservadoras a ponto de perder oportunidades.

Mercúrio em Gêmeos

Extremamente racionais, também podem ser frios e críticos em relação às outras pessoas. É importante que desenvolvam a sensibilidade e o tato ao falar com os demais. Por outro lado, tendem a ter boas habilidades de oratória, além de uma inteligência racional afiada.

Mercúrio em Câncer

Esse posicionamento é contraditório, já que quem tem o ascendente em Virgem é crítico e frio, enquanto o Mercúrio em Câncer é emocional. Em consequência, o comportamento também pode ser contraditório, como mostrar que se importa com alguém e, logo em seguida, ser frio. É essencial que tente fazer análises internas e compreenda suas reais necessidades.

Mercúrio em Leão

As pessoas com esse posicionamento tendem a ser críticas em relação aos outros e a achar que só elas possuem qualidades. É um posicionamento complexo e cheio de armadilhas no que diz respeito à capacidade de comunicação. Elas devem tentar compreender exatamente a mensagem que querem passar e ser diretas. Falando sem pensar, podem acabar sendo malvistas.

Mercúrio em Virgem

Com Mercúrio e o Sol em Virgem, temos pessoas perfeccionistas em relação aos seus conhecimento, mas que podem ser inseguras para mostrar o que sabem, mesmo tendo estudado por anos, notando-se uma tendência a se subestimar. São pessoas detalhistas, que observam tudo ao seu redor. Com a idade e a experiência, acabam por desenvolver uma boa capacidade de comunicação.

Mercúrio em Libra

Quem tem esse posicionamento é muito observador, mas tende a não falar muito sobre o que pensa. São pessoas tranquilas e perfeccionistas com a própria imagem, por isso gostam muito de se arrumar. Sempre ponderam sobre o que vão falar e detestam quando não conseguem se expressar adequadamente e são mal compreendidas.

Mercúrio em Escorpião

São pessoas analíticas e detalhistas, com ótima capacidade de foco e poder de análise. Porém, como é um posicionamento extremo, podem ficar paranoicas, ver fatos onde não existem, inventar discussões e se convencer de coisas absurdas. Assim, devem sempre tentar avaliar suas conclusões de forma realista.

Mercúrio em Sagitário

Apesar de parecerem tímidas e reservadas, são pessoas que, com o tempo, se mostram abertas e conversadoras. Ainda que se cobrem perfeição, possuem leveza e clareza na fala.

Mercúrio em Capricórnio

Perfeccionistas e detalhistas em seus trabalhos, podem realizar por anos a mesma atividade. São pessoas muito práticas, com pouca ou nenhuma sensibilidade para lidar com as emoções dos outros, por isso é importante que procurem ser mais empáticas.

Mercúrio em Aquário

As pessoas que possuem esse posicionamento são muito racionais e organizadas, mas, ao mesmo tempo, criativas. Naturalmente, não é o posicionamento mais harmônico, por isso pode causar um grande desconforto às pessoas que o possuem.

Por outro lado, é compensador, já que essas pessoas conseguem organizar suas ideias e transformá-las em algo palpável.

Mercúrio em Peixes

Enquanto Mercúrio em Peixes tende a ser romântico e inspirado, quem tem o ascendente em Virgem é mais perfeccionista e organizado. Cria-se uma grande contradição, aparentando até uma personalidade dupla. Caso não consiga se equilibrar sozinho, o melhor a fazer é buscar um acompanhamento profissional.

ASCENDENTE EM LIBRA

Sociabilidade e simpatia *versus* indecisão e dispersão

As pessoas que possuem ascendente em Libra costumam ser bons ouvintes, por isso têm uma grande capacidade de análise dos ambientes. São fundamentais para manter a harmonia em um grupo, já que buscam ouvir a todos e dificilmente desejarão impor suas opiniões. É claro que, como são pessoas sedutoras e carismáticas, conseguem facilmente convencer seus colegas a apoiarem seus projetos.

Esse ascendente também revela pessoas sensatas e artísticas, que costumam se vestir de forma sofisticada e se preocupam com a aparência. Como gostam de ambientes igualmente sofisticados, seja no trabalho ou socialmente, tendem a ser intelectualizadas e interessadas em conversas mais inteligentes, tendo pavor de assuntos de baixo nível ou ambientes feios. Por essas características, quem tem o ascendente em Libra pode parecer uma pessoa fresca, mas a verdade é que só quer ser aceita e nutre um grande amor pela beleza.

A pessoa com ascendente em Libra não tem tendências competitivas; pelo contrário, deseja agrupar as pessoas e trazer a paz. Dessa forma, não são recomendadas atividades em que é preciso ser mais agressivo, pois essa pessoa terá a sensação de estar sendo injusta. Ambientes hostis podem deixá-la incomodada, pois o ascendente em Libra dissipa as tendências agressivas, inclusive para o signo de Áries, e, em geral, equilibra o mapa astral.

Outras tendências são a facilidade de trabalhar em grupo, as ótimas habilidades de comunicação e o desejo de agradar aos outros. Por esses motivos, são profissionais flexíveis e excelentes em posições de liderança, caso desenvolvam a praticidade e a capacidade de foco e não se preocupem tanto em ser "bonzinhos".

O lado negativo dessas tendências é que, por serem muito sedutoras, pessoas com esse ascendente podem ter relacionamentos com colegas de trabalho ou seduzir as pessoas para que façam o que elas querem.

Casas do sucesso

Nesta análise, foram consideradas apenas as casas do sucesso, que são voltadas para o aspecto material e foram escolhidas por estarem relacionadas à produtividade e ao retorno financeiro. São as casas do dinheiro (casa 2), do trabalho (casa 6) e do sucesso (casa 10).

Casa do dinheiro em Escorpião

As pessoas que possuem ascendente em Libra costumam ter uma relação intensa com a área financeira, já que buscam uma vida de luxo. É comum que gerenciem o dinheiro de seus cônjuges. São pessoas que valorizam os sentidos e gostam de perfumes, cremes e tudo que envolve o cuidado estético, pois cultivam bastante seu poder de sedução.

Casa do trabalho em Peixes

No trabalho, aquele com ascendente em Libra busca fazer o que é preciso. Geralmente são pessoas obedientes e amáveis com os colegas de trabalho, detestando qualquer tipo de confusão ou conflito. No fundo, buscam servir às outras pessoas e sentir-se úteis dentro do ambiente profissional. É preciso que tomem cuidado, pois tendem a não ser proativas, esperando ordens de seus superiores, o que pode acabar atrapalhando a ascensão profissional.

Casa do sucesso em Câncer

Para quem possui essa casa em Câncer, o sucesso não se restringe ao aspecto profissional. Para o ascendente em Libra, além de boas relações profissionais, é muito importante ter um bom relacionamento afetivo, então é comum que pulem de relacionamento em relacionamento até encontrar um equilíbrio. O grande sucesso para quem tem o ascendente em Libra é estabelecer conexões emocionais em sua vida pessoal e profissional.

Signos solares com ascendente em Libra

Áries com ascendente em Libra

Os arianos com ascendente em Libra são menos brigões e costumam ter um forte senso de justiça. Quando veem alguma situação de desrespeito, partem para cima. São pessoas carismáticas, animadas e cheias de amigos.

Touro com ascendente em Libra

Os taurinos com ascendente em Libra são extremamente charmosos e harmoniosos. Esbanjam charme e calma por onde passam, sendo muito tranquilos em seu convívio social. Porém, devem desenvolver sua capacidade de iniciativa, já que o taurino tende a ser inerte e o libriano, indeciso.

Gêmeos com ascendente em Libra

Os geminianos com ascendente em Libra são ótimos comunicadores e conseguem convencer as pessoas facilmente com suas palavras e linguagem corporal. São extrovertidos e adoram aprender coisas novas. Devem tomar cuidado com a indecisão, já que o geminiano tem várias ideias e o libriano está sempre mudando seu foco.

Câncer com ascendente em Libra

Os cancerianos com ascendente em Libra são muito amorosos e menos melancólicos e dramáticos que o canceriano típico. Gostam muito de agradar às pessoas e cuidar delas, mas não devem se esquecer de si mesmos por pensarem demais nos outros.

Leão com ascendente em Libra

Com o Sol em Leão, a tendência libriana a preocupar-se com a aparência fica ainda mais evidente. É uma combinação harmoniosa, mas pessoas com essa combinação devem ter cuidado para não serem tão superficiais nem se importarem tanto com a opinião das outras pessoas.

Virgem com ascendente em Libra

Os virginianos com ascendente em Libra são dedicados, carismáticos, amáveis e carinhosos. Costumam ser bastante agradáveis, os queridinhos de todo mundo. Apesar de seu signo solar, guardam suas críticas para si e sempre emitem sua opinião no momento certo.

Libra com ascendente em Libra

Os librianos com ascendente em Libra são carismáticos, expressivos, sedutores e charmosos, estando sempre dispostos a uma nova conquista. Devem tomar cuidado, pois são muito focados em relacionamentos afetivos, podendo deixar de lado a vida profissional.

Escorpião com ascendente em Libra

Nessa combinação harmoniosa, o ascendente em Libra dá equilíbrio emocional para o escorpiano ao mesmo tempo que o Sol em Escorpião fornece um senso de direção para o ascendente. São pessoas extremamente sedutoras e manipuladoras. É importante que evitem iludir as pessoas ao jogarem charme para todos os lados, pois isso pode afetar sua reputação.

Sagitário com ascendente em Libra

Os sagitarianos com ascendente em Libra são mais cautelosos, pois o ascendente faz com que pensem duas vezes antes de mergulharem em escolhas arriscadas. Anseiam por liberdade, mas buscam relacionamentos seguros.

Capricórnio com ascendente em Libra

Os capricornianos com ascendente em Libra são mais sociáveis e têm muitos amigos, ao mesmo tempo que se concentram muito em sua carreira profissional. São mais abertos do que capricornianos típicos, ganhando leveza em sua personalidade conservadora.

Aquário com ascendente em Libra

Os aquarianos com ascendente em Libra são muito inteligentes e sempre têm vários projetos em mente. Porém, podem ser mais inconstantes e imprevisíveis, ainda que menos rebeldes, do que um aquariano típico. É uma boa combinação, desde que usada com sabedoria.

Peixes com ascendente em Libra

Os piscianos com ascendente em Libra são muito indecisos e fazem tudo para agradar aos outros. São calmos e serenos, mesmo que seu interior seja confuso. Devem dedicar mais atenção à área profissional, já que tendem a se importar apenas com suas relações afetivas.

Posicionamentos de Mercúrio para quem tem o ascendente em Libra

Em seu mapa astral, você poderá checar o signo em que Mercúrio se encontrava no momento de seu nascimento. Como esse planeta está especialmente associado à compreensão de sua imagem pessoal e de sua forma de pensar e comunicar-se, analisaremos em detalhes a influência de seu posicionamento para quem tem o ascendente em Libra. Na última parte deste livro, você também encontrará informações específicas sobre o posicionamento de cada astro.

Mercúrio em Áries

As pessoas que têm esse posicionamento, apesar de sinceras, buscam agradar a todos. Gostam de ser as queridinhas, mas, ao mesmo tempo, falam coisas chocantes ou simplesmente não têm educação. É preciso que avaliem a imagem que passam para não terem problemas no trabalho e nos relacionamentos.

Mercúrio em Touro

São pessoas fofas e tranquilas, que transmitem paz para seu ouvinte. Dão atenção às questões materiais, mas não são obsessivas. São românticas e podem possuir vários dons artísticos. Gostam de apreciar a vida, seja comendo bem, vendo um bom filme ou fazendo um passeio no parque, tudo com um toque de delicadeza.

Mercúrio em Gêmeos

Comunicativas e criativas, essas pessoas adoram aprender coisas novas e possuem um ótimo senso estético. São românticas e podem voltar toda a sua atenção para a vida amorosa. Como são inquietas e afetivas, detestam ficar sozinhas e adoram uma boa companhia para falar sobre qualquer coisa.

Mercúrio em Câncer

Quem tem esse posicionamento é muito voltado para seus relacionamentos e pode só pensar na vida amorosa, por isso é importante refletir sobre suas reais prioridades e buscar dar mais atenção à vida profissional. São pessoas com grande sensibilidade e empatia, o que traz uma facilidade em lidar com o outro. Também são românticas e dedicadas às pessoas de quem gostam.

Mercúrio em Leão

As pessoas que têm Mercúrio em Leão tendem a ser românticas e vaidosas. Ao mesmo tempo que sentem grande necessidade de aceitação, pensam muito no que é melhor para si mesmas. É um posicionamento quase complementar, já que buscam tanto aceitação como amor-próprio.

Mercúrio em Virgem

São pessoas que conversam pouco e são bastante inseguras quanto à própria imagem, ainda que vaidosas. Devem evitar dar tanto valor ao que os outros pensam e buscar a autoaceitação, sem se deixar de lado para agradar às outras pessoas.

Mercúrio em Libra

Com uma forte tendência à diplomacia, essas pessoas ponderam muito suas palavras e desejam agradar a gregos e troianos. Sempre consideram todos os lados de um debate antes de chegar às suas próprias conclusões. Também são conquistadoras e vaidosas.

Mercúrio em Escorpião

Quem possui esse posicionamento é muito observador e charmoso. São pessoas com forte magnetismo, capazes de atrair quem querem. Inteligentes, devem ter cuidado para não serem manipuladoras, já que essa característica pode acabar atrapalhando sua vida profissional.

Mercúrio em Sagitário

As pessoas que têm Mercúrio em Sagitário são alegres, entusiasmadas, vaidosas e donas de um gosto exótico. Adoram ajudar os outros e são cheias de ideias e dispostas a viver aventuras, sejam elas reais ou intelectuais. São pessoas inteligentes, que não deveriam dar tanto valor à aprovação alheia.

Mercúrio em Capricórnio

São pessoas contraditórias, que, ao mesmo tempo que parecem fofas, são ríspidas e diretas em sua fala. De certa forma, aparentam uma imprevisibilidade de comportamento nesse sentido, o que pode confundir colegas de trabalho e pessoas mais próximas. Por outro lado, são sérias e comprometidas.

Mercúrio em Aquário

O ascendente em Libra faz com que essas pessoas, ao contrário de outras com Mercúrio em Aquário, não queiram impor suas ideias e, muito pelo contrário, busquem debater e criar em grupo. Libra é o signo do outro, por isso existe uma consciência do trabalho em grupo e da inteligência coletiva. De todo modo, é importante que tomem cuidado com a busca por aprovação.

Mercúrio em Peixes

Meigas e carismáticas, essas pessoas sempre pensam primeiro nos outros. Também são artísticas e têm um bom senso estético. É importante que procurem pensar na sua vida profissional, já que tendem a ser perdidas. É sempre bom que reflitam sobre seus objetivos e estabeleçam metas, pois têm dificuldade em tomar decisões.

♏

ASCENDENTE EM ESCORPIÃO

Intensidade e perfeccionismo *versus* obsessão e manipulação

Os que têm ascendente em Escorpião costumam ser impulsivos e tão persistentes que, faltando maturidade, se tornam teimosos. Ao mesmo tempo, tendem a ficar na defensiva e até a serem tímidos. Não costumam falar muito, principalmente sobre sua própria vida, o que os torna bons ouvintes.

Também são dedicados e intensos, donos de um olhar tão penetrante que invade a alma de seu interlocutor.

As pessoas com esses ascendente se dedicarão intensamente a qualquer coisa que façam, inclusive em sua profissão. Aliás, com a casa do trabalho posicionada em Áries, veem o ambiente de trabalho como um verdadeiro campo de batalha, dispondo-se a dar a vida por um objetivo. Afinal, para alcançarem o sucesso profissional é necessário que se vejam em situações de batalha, em meio a contextos complexos nos quais possam usar toda a sua energia em prol de um fim. Ainda assim, com toda essa intensidade, podem causar confusões, tornar o ambiente pesado e até criar inimigos.

A principal característica dos que têm ascendente em Escorpião é, portanto, a intensidade, por isso tanto podem ser pessoas dedicadas e protetoras como carrascos dispostos a passar por cima de tudo e de todos. Caberá à empresa entender qual é a tendência desse profissional, posicioná-lo corretamente na organização e definir seus limites de atuação.

De qualquer forma, é preciso que essas pessoas aprendam a manter o controle e a trabalhar em grupo, compreendendo os objetivos coletivos e as limitações dos colegas, pois nem todos serão tão dedicados à profissão. Com maturidade, sabendo controlar sua impulsividade, podem ser bons líderes, principalmente em situações desafiadoras ou nas quais é necessário implementar mudanças, pois adoram transformar tudo ao seu redor e não se incomodam em ser odiados por colegas de trabalho. Para eles, o importante é alcançar os objetivos. É comum para quem tem o ascendente em Escorpião uma dedicação total, mas não pode esperar que todos sejam assim. Claro que tudo depende do modelo de negócios e das estratégias escolhidas. Uma empresa com estratégias que exigem trabalhadores mais "guerreiros", pessoas fortes que vão atrás de vencer um desafio a todo custo, é onde quem tem o ascendente em Escorpião estará perfeitamente encaixado. Mas se a área de atuação depender de uma ação pacífica, ou de consenso, para a tomada de decisões, ela não será adequada para profissionais com esse ascendente. Como são muito detalhistas, podem ser bons profissionais na área financeira.

Casas do sucesso

Nesta análise, foram consideradas apenas as casas do sucesso, que são voltadas para o aspecto material e que foram escolhidas por estarem relacionadas à produtividade e ao retorno financeiro. São as casas do dinheiro (casa 2), do trabalho (casa 6) e do sucesso (casa 10).

Casa do dinheiro em Sagitário

O ascendente em Escorpião costuma gastar seu dinheiro em viagens e passeios. São pessoas agitadas, que gostam de festas e eventos comemorativos. Também gostam de roupas e acessórios diferentes, sejam eles caros ou não, e de investir em conhecimentos acadêmicos. Tendem a ter uma boa base teórica e experiência prática. No geral, as pessoas que têm essa casa em Sagitário sabem ganhar bastante dinheiro dentro de sua realidade social.

Casa do trabalho em Áries

A posição dessa casa em Áries revela pessoas altamente competitivas em seu ambiente de trabalho, que certamente farão tudo para conseguir êxito profissional. São muito esforçadas e individualistas e devem ter cuidado com a tendência a quererem se impor sobre as outras pessoas, atropelando os colegas de trabalho e criando conflitos com superiores. É importante que atuem em áreas onde possam expor sua personalidade e sua autenticidade.

Casa do sucesso em Leão

Quem possui essa casa em Leão sente uma grande necessidade de ser reconhecido pelas outras pessoas. Essa busca costuma levar essa pessoa a cargos importantes e a profissões ligadas à mídia. Para quem tem ascendente em Escorpião, é importante se destacar em seu ambiente profissional e ter *status*, mas é preciso ter cuidado com sua tendência à arrogância.

Signos solares com ascendente em Escorpião

Áries com ascendente em Escorpião

Os arianos com ascendente em Escorpião gostam de "ver o circo pegar fogo". São pessoas agitadas e ambiciosas, que adoram movimento, e são mais focadas no trabalho e no sucesso do que um ariano típico. Devem ter cuidado com a arrogância e a falta de limites, já que podem se envolver em atividades perigosas.

Touro com ascendente em Escorpião

Os taurinos com ascendente em Escorpião são extremamente inteligentes na área financeira e costumam ficar ricos. Apesar de se arriscarem, dado o ascendente em Escorpião, também buscam a solidez do Sol em Touro, desejando uma vida estável.

Gêmeos com ascendente em Escorpião

Os geminianos com ascendente em Escorpião são ambiciosos e observadores. Com isso, conseguem perceber o ambiente à sua volta e tentam manipular as situações para que tudo corra como o planejado. Podem ser muito controladores e frios. É importante que desenvolvam a empatia, pois só assim terão sucesso verdadeiro na área profissional.

Câncer com ascendente em Escorpião

Os cancerianos com ascendente em Escorpião são pessoas observadoras, emotivas e ambiciosas, buscando um alto nível de conforto. Costumam ser misteriosas sobre o que sentem e guardam muito rancor. Intuitivas, geralmente percebem com facilidade o que as pessoas próximas estão sentindo.

Leão com ascendente em Escorpião

Os leoninos com ascendente em Escorpião são marcantes e ambiciosos, mas devem tomar cuidado com seu desejo de controlar tudo. Também são muito expressivos e admirados por sua personalidade espontânea.

Virgem com ascendente em Escorpião

Os virginianos com ascendente em Escorpião são inteligentes e intensos e podem manter o foco e a paixão pelo mesmo assunto durante anos. São misteriosos e podem ser controladores, tendência que acabará por afetar sua saúde.

Libra com ascendente em Escorpião

Os librianos com ascendente em Escorpião são charmosos, sedutores e intensos, por isso adoram a arte da conquista. Apesar de extremistas, são bastante indecisos sobre a própria vida. É preciso equilibrar essas duas energias, já que Libra e Escorpião são signos muito diferentes, e tal desequilíbrio pode transparecer para os outros.

Escorpião com ascendente em Escorpião

Os escorpianos com ascendente em Escorpião são inconstantes e vivem intensas metamorfoses. Assim como podem ser tímidos em certos momentos da vida, também podem ser muito expressivos. Buscam controlar tudo ao seu redor, comportamento que gera estresse e irritabilidade.

Sagitário com ascendente em Escorpião

Os sagitarianos com ascendente em Escorpião são intensos e exagerados. Como são dois signos com energias opostas, pode haver conflitos de personalidade, já que o lado sagitariano busca encontrar qualidades no ser humano e o lado escorpiano é desconfiado. Podem ser pessoas muito isoladas.

Capricórnio com ascendente em Escorpião

Os capricornianos com ascendente em Escorpião são organizados, focados e controladores. Têm forte tendência a dedicar-se exageradamente à carreira profissional, o que geralmente leva à conquista de cargos altos em pouco tempo, mas é importante que busquem atividades de relaxamento para resistir ao estresse provocado pelo excesso de preocupação.

Aquário com ascendente em Escorpião

Os aquarianos com ascendente em Escorpião possuem uma personalidade confusa, pois são, ao mesmo tempo, intensos e frios. Ainda que se interessem por ajudar o coletivo, a sociedade, têm atitudes egoístas no dia a dia. Têm uma personalidade contraditória, porque são controladores que buscam ter muita liberdade.

Peixes com ascendente em Escorpião

Os piscianos com ascendente em Escorpião são muito focados na área profissional e escondem sua sensibilidade e suas emoções, pois são desconfiados e têm medo de serem magoados. Devem buscar atividades em que possam extravasar essas energias, já que tendem a guardar os sentimentos para si e a remoer situações do passado.

Posicionamentos de Mercúrio para quem tem ascendente em Escorpião

Em seu mapa astral, você poderá checar o signo em que Mercúrio se encontrava no momento de seu nascimento. Como esse planeta está especialmente associado à compreensão de sua imagem pessoal e de sua forma de pensar e comunicar-se, analisaremos em detalhes a influência de seu posicionamento para os que têm o ascendente em Escorpião. Na última parte deste livro, você também encontrará informações específicas sobre o posicionamento de cada astro.

Mercúrio em Áries

As pessoas que possuem esse posicionamento não têm papas na língua e falam o que pensam independentemente da repercussão que isso possa ter. São intensas e adoram "ver o circo pegar fogo". É importante que avaliem se realmente vale a pena desgastar-se entrando em tantas brigas.

Mercúrio em Touro

São pessoas muito voltadas para a vida financeira, que buscam ter controle sobre tudo. Observadoras e práticas, podem parecer insensíveis. Também são sensuais e adoram o jogo da sedução. Devem tomar cuidado para não serem muito teimosas, pois têm forte tendência nesse sentido.

Mercúrio em Gêmeos

Com sua mente investigativa, essas pessoas descobrem tudo sobre todo mundo. São ágeis e conseguem saber quando alguém não está falando a verdade. O perigo é tornarem-se paranoicas, o que pode prejudicar sua saúde. São ótimos pesquisadores e terão sucesso em suas atividades se usarem essa característica na vida profissional.

Mercúrio em Câncer

Quem tem esse posicionamento consegue captar os sentimentos, o estado de espírito e até mesmo os pensamentos das pessoas à sua volta. Intensamente emocionais, são pessoas profundas, que tendem a ser fechadas e observadoras. É fundamental que trabalhem suas emoções e tentem não guardar mágoas; caso contrário, podem desenvolver doenças psíquicas.

Mercúrio em Leão

As pessoas que possuem esse posicionamento falam de forma incisiva e intensa. Precisam ter cuidado com suas tendências extremistas, já que podem agir de forma irracional graças à sua teimosia, e abrir-se, até mesmo para não se prejudicarem. Usando suas habilidades de comunicação de forma positiva certamente terão um grande êxito profissional e pessoal.

Mercúrio em Virgem

São pessoas inteligentes e controladoras, mas podem desenvolver paranoias ou simplesmente nunca se considerarem boas o suficiente para conquistar algo que desejam. Têm uma necessidade de provar-se, e, se isso for voltado para o trabalho, pode levá-las a um grande êxito. O importante é que direcionem essa obsessão para a vida profissional e busquem relaxar e ter momentos de lazer na vida pessoal.

Mercúrio em Libra

Mesmo que pareçam sedutoras e intimidadoras, são pessoas bastante amorosas. Com seu poder de sedução, prendem facilmente a atenção dos outros, ainda que sejam mais caladas e observadoras. É um posicionamento muito bom, com o único risco de se tornarem conquistadoras compulsivas, o que pode atrapalhar toda a sua vida.

Mercúrio em Escorpião

Quem tem esse posicionamento adora fazer mistério sobre qualquer assunto. São pessoas observadoras, que gostam de viver intensamente todos os seus sentimentos, pois simplesmente não sabem viver de forma morna, no meio-termo. Também gostam muito de conversar, ainda que não tenham paciência para superficialidades.

Mercúrio em Sagitário

As pessoas que possuem esse posicionamento são exageradas e intensas como uma bomba-relógio. Podem ser observadoras ou extrovertidas, caladas ou falantes... Não dá para prever como agirão, pois podem mudar de humor a qualquer momento. É importante que busquem entender a si mesmas, e, se as variações de humor forem incontroláveis, devem procurar ajuda profissional para manter o equilíbrio.

Mercúrio em Capricórnio

São pessoas observadoras e práticas, que adoram ter controle sobre tudo. São ambiciosas e sempre querem alcançar o máximo dentro de sua realidade. Podem ser muito competitivas, ter pouco tato para falar com as pessoas ou parecer autoritárias. O importante, nesse caso, é desenvolver sua capacidade de gerenciamento sem perder a humanidade.

Mercúrio em Aquário

Criativas e intensas, são pessoas que se jogam totalmente em seus projetos, em um tudo ou nada. São inspiradas e querem viver à flor da pele, mas tendem a ser teimosas e a não mudar de opinião depois que escolhem um lado. Por isso, é essencial que tomem cuidado para não serem totalmente inflexíveis; caso contrário, acabarão por perder o apoio dos outros.

Mercúrio em Peixes

A posição de Mercúrio em Peixes revela pessoas sensitivas e sedutoras, que sabem agradar aos outros e têm facilidade para demonstrar seus sentimentos. É importante que busquem relações tranquilas, seja no trabalho ou na vida pessoal. Em relações instáveis, podem ficar muito abaladas e até melancólicas. Lugares calmos e o contato com a natureza podem tranquilizar seu coração.

ASCENDENTE EM SAGITÁRIO

Liberdade e otimismo *versus* imprudência e arrogância

Quem possui ascendente em Sagitário tende a ser expansivo, sincero e criativo. São pessoas simples e carismáticas, que falam de forma exagerada e tendem a ser amigáveis.

Para elas, é importante ter um trabalho que transcenda sua vida e seja desafiador, pois se dedicam muito às suas tarefas. Dessa forma, um emprego comum e monótono, que não as impulsione, pode levar a uma grande frustração. São boas opções trabalhar com viagens, pessoas, psicologia ou espiritualidade.

Ainda que sejam bastante dedicadas, pessoas com esse ascendente mantêm certa leveza e dificilmente serão extremistas no ambiente de trabalho ou se envolverão em conflitos por poder; pelo contrário, preferirão ceder para não arrumar confusão.

Donas de uma personalidade expansiva, devem usá-la para abrir caminhos e estabelecer novas relações comerciais, já que são carismáticas e adoram conversar. Com tanta facilidade de comunicação, ganharão muito se falarem vários idiomas, pois ampliarão seus horizontes.

Pessoas com ascendente em Sagitário também são profissionais inquietos e dispostos a buscar ajuda e a ir além do óbvio, principalmente se colocadas em postos em que seja possível inovar e trazer soluções diferentes para problemas recorrentes. Por outro lado, se receberem trabalhos monótonos, com atividades repetitivas, chegarão a ficar rabugentas e displicentes.

Atividades que exigem grande concentração e detalhismo também são péssimas opções para essas pessoas, que devem compreender que seu papel no mundo é expandir, buscar novidades, aventurar-se em novos ambientes e correr os riscos dos quais, no fundo, até gostam.

Casas do sucesso

Nesta análise, foram consideradas apenas as casas do sucesso, que são voltadas para o aspecto material e que foram escolhidas por estarem relacionadas à produtividade e ao retorno financeiro. São as casas do dinheiro (casa 2), do trabalho (casa 6) e do sucesso (casa 10).

Casa do dinheiro em Capricórnio

As pessoas que possuem ascendente em Sagitário se empenham bastante para conseguir seus recursos financeiros, pois existe uma tendência a acharem que só conseguirão ter o que desejam com trabalho árduo. Por esse motivo, vinculam dinheiro a um grande esforço. Essa forma de pensar é interessante quando elas conseguem ser eficazes, porém é um tanto limitante associar dinheiro a um sofrimento.

Casa do trabalho em Touro

A posição da casa do trabalho revela pessoas que buscam ambientes de trabalho calmos e seguros. Há uma tendência à inércia e à falta de iniciativa, que pode afetar negativamente a vida profissional. Para quem tem o ascendente em Sagitário, a satisfação profissional está vinculada à segurança financeira que seu trabalho lhe proporciona, mas, de todo modo, é preciso tomar cuidado com a falta de ambição.

Casa do sucesso em Virgem

A casa do sucesso em Virgem sugere pessoas extremamente críticas em relação ao seu próprio desempenho profissional. Pouco interessadas em reconhecimento ou em *status*, elas buscam apenas fazer parte de algo maior e ser úteis dentro de suas atividades. Pode existir uma intensa preocupação financeira, já que existem pouca ambição e uma tendência à falta de objetivo. É importante para quem tem o ascendente em Sagitário ter alguma monitoria em seu trabalho e buscar uma fonte de renda segura.

Signos solares com ascendente em Sagitário

Áries com ascendente em Sagitário

Os arianos com ascendente em Sagitário são muito animados, extrovertidos e inteligentes, mas devem tomar cuidado com sua impulsividade, que pode acabar trazendo conflitos. Buscam a liberdade, mas precisam aprender que grande parte dela está vinculada ao comprometimento.

Touro com ascendente em Sagitário

Os taurinos com ascendente em Sagitário são animados e buscam trazer sua alegria para os ambientes em que se encontram. São taurinos agitados, diferentes do estereótipo desse signo. Podem ter conflitos de personalidade, já que o taurino busca a estabilidade e o sagitariano, aventuras e novidades.

Gêmeos com ascendente em Sagitário

Os geminianos com ascendente em Sagitário são práticos e agitados. Gostam muito de viajar e estudar e tendem ao universo teórico. Devem ter cuidado para não serem muito irresponsáveis, sabendo que é importante desenvolver a constância e o equilíbrio.

Câncer com ascendente em Sagitário

Os cancerianos com ascendente em Sagitário fogem totalmente ao estereótipo de seu signo solar. São pessoas alegres, intensas e sorridentes, que gostam de viajar e aproveitar a vida. Costumam disfarçar as emoções e negar qualquer tipo de apego, mas, em geral, são muito ligadas a bens materiais e a algumas pessoas.

Leão com ascendente em Sagitário

Os leoninos com ascendente em Sagitário são vibrantes e iluminados e contagiam o ambiente com sua energia. São muito comunicativos e fazem amizade com qualquer um em qualquer lugar. Também tendem a ser impulsivos e devem tomar cuidado com sua arrogância.

Virgem com ascendente em Sagitário

Os virginianos com ascendente em Sagitário estão distantes do estereótipo desse signo solar: não são tímidos nem recatados, e muito menos obsessivos. Pelo contrário, são extrovertidos e comunicativos e fazem amigos em todos os lugares. Seu lado virginiano tende a ser mais crítico consigo mesmo do que com os outros. Também buscam segurança material.

Libra com ascendente em Sagitário

Os librianos com ascendente em Sagitário são extremamente sociáveis e gostam de viajar, conhecer pessoas novas e aprender idiomas diferentes. São pessoas abertas, mas devem ter cuidado para não expor muito sua vida pessoal, pois podem ser prejudicadas pelos outros.

Escorpião com ascendente em Sagitário

Os escorpianos com ascendente em Sagitário são alegres e positivos, praticamente o oposto do escorpiano típico. A posição do Sol em Escorpião intensifica as características do ascendente em Sagitário, trazendo alegria e positividade, porém, quando estão para baixo, podem ficar muito melancólicos por longos períodos.

Sagitário com ascendente em Sagitário

Os sagitarianos com ascendente em Sagitário são extremamente abertos, transparentes e alegres. São curiosos, adoram aventuras e estão dispostos a tudo para defender sua liberdade. É muito importante que tenham um objetivo ou um sonho a seguir, caso contrário se sentirão perdidos.

Capricórnio com ascendente em Sagitário

Os capricornianos com ascendente em Sagitário não são nada rabugentos, muito menos sérios. Como capricornianos, são pessoas ambiciosas que buscam *status* e poder aquisitivo, mas, com o ascendente em Sagitário, fazem isso com muita alegria e bom humor. São animadas e focadas em realizar seus sonhos e alcançar seus objetivos.

Aquário com ascendente em Sagitário

Os aquarianos com ascendente em Sagitário são inteligentes e abertos. Valorizam muito a própria liberdade e podem pensar de forma tão diferente que é difícil compreender sua linha de raciocínio. São alegres, carismáticos e cheios de amigos, pois têm o poder de levantar o astral de todos ao seu redor.

Peixes com ascendente em Sagitário

Os piscianos com ascendente em Sagitário são sonhadores e desbravadores, mas devem tomar cuidado com a falta de planejamento, que é uma forte tendência. Adoram ajudar e alegrar os outros e se sentir úteis.

Posicionamentos de Mercúrio para quem tem o ascendente em Sagitário

Em seu mapa astral, você poderá checar o signo em que Mercúrio se encontrava no momento de seu nascimento. Como esse planeta está especialmente associado à compreensão de sua imagem pessoal e de sua forma de pensar e comunicar-se, analisaremos em detalhes a influência de seu posicionamento para os que têm ascendente em Sagitário. Na última parte deste livro, você também encontrará informações específicas sobre o posicionamento de cada astro.

Mercúrio em Áries

As pessoas que possuem esse posicionamento são impulsivas e empolgadas, mas, com tanta energia, podem ser bastante irritadiças no dia a dia. Estão sempre com pressa e podem não ter a paciência necessária para persistir em um projeto. São muito alegres e carismáticas, mas é importante que busquem ter persistência.

Mercúrio em Touro

São pessoas ambiciosas e que têm inteligência financeira. Práticas, podem parecer mal-educadas por serem muito diretas. Pelo posicionamento conflitante, já que o sagitariano é expansivo e o taurino é focado, devem ter cuidado para não passar aos outros uma imagem confusa.

Mercúrio em Gêmeos

Não há nada que não atice a curiosidade dessas pessoas, que adoram aprender tudo sobre tudo. É provável que gostem de viajar e tenham muitos amigos. Por outro lado, é importante trabalhar a falta de foco para conseguir levar uma vida saudável. Caso contrário, a pessoa ficará presa em ideias e não concretizará nenhum projeto.

Mercúrio em Câncer

Quem tem esse posicionamento adora fazer piadas de suas tragédias. São pessoas otimistas, apesar de manterem certa melancolia. Gostam de conversar e fazem amigos com facilidade, porém detestam superficialidades e sempre preferem estar próximas daqueles com quem têm afinidade emocional. Como não costumam ser diretas, podem não ser levadas a sério.

Mercúrio em Leão

As pessoas que têm esse posicionamento são empolgadas, comunicativas e autoconfiantes. Gostam de expor suas opiniões e de falar muito de si e de suas experiências, em especial de suas viagens, mas podem ser muito arrogantes e passar uma imagem de alguém que quer aparecer a todo custo.

Mercúrio em Virgem

São pessoas práticas e engraçadas, que apesar de sua seriedade adoram quebrar o gelo. Também são responsáveis e expansivas e adoram conversar sobre tudo e debater ideias. Podem mudar de opinião, mas têm tendência a serem arrogantes intelectualmente.

Mercúrio em Libra

Alegres, tranquilas e otimistas, essas pessoas adoram agradar aos outros. São muito sociáveis e inteligentes e preferem ouvir a falar, explorando todos os lados de uma mesma situação. É importante que tomem cuidado para não serem perdidas e influenciáveis.

Mercúrio em Escorpião

Quem possui esse posicionamento é sarcástico e adora fazer mistério. São pessoas com humor negro, que não podem ver uma tragédia sem fazer piada. Adoram "ver o circo pegar fogo", mas nunca deixam claro que elas mesmas iniciaram o incêndio. São atraídas por situações perigosas, que podem não levar a bons resultados.

Mercúrio em Capricórnio

As pessoas que têm esse posicionamento são muito práticas e chegam a ser engraçadas sem querer. Como não pensam muito antes de falar, podem parecer grosseiras ou arrogantes, transmitindo uma imagem errada de si mesmas.

Mercúrio em Aquário

São pessoas excêntricas, que pensam em coisas diferentes e adoram um combate intelectual. Por serem comunicativas, sociáveis e abertas, tendem a ter muitos amigos. Por outro lado, podem ser diferentes demais e falar coisas sem sentido ou que só fazem sentido em sua cabeça, passando a imagem de que querem apenas aparecer.

Mercúrio em Peixes

A posição de Mercúrio em Peixes revela pessoas esquecidas e exageradas, que são muito engraçadas e carismáticas. Espiritualizadas, já estão a um passo de transcender. Podem ser incompreendidas, mas trazem uma boa energia para o ambiente. É importante que tentem se manter dentro da realidade, já que é inevitável lidar com a vida prática.

♑

ASCENDENTE EM CAPRICÓRNIO

Foco e comprometimento *versus* frieza e melancolia

As pessoas que possuem ascendente em Capricórnio são ambiciosas e dedicadas à sua profissão, sabendo bem o que querem.

Quando recebem uma tarefa, são confiáveis e acabam superando as expectativas, mas tendem a ser solitárias e a se esgotarem em razão de um esforço demasiado ao seu trabalho, estressando-se com assuntos sem relevância dentro da empresa em que trabalham.

Como são fechadas, podem ter certa dificuldade para trabalhar em equipe e compreender as outras pessoas, já que não estabelecem trocas emocionais nem alimentam uma verdadeira empatia. No fundo, pessoas com ascendente em Capricórnio buscam o equilíbrio, mas muitas vezes se frustram nesse objetivo por tentarem fugir da vida pessoal e dos problemas familiares focando toda a sua energia na carreira e nos estudos acadêmicos. Essa fuga pode até levá-las a um cargo de liderança, mas criará pessoas vazias e solitárias e, consequentemente, chefes chatos, ranzinzas e amargurados.

Por isso, é essencial que compreendam o quanto o equilíbrio é importante para que obtenham sucesso e que não adianta ter cargos altos ou *status* social se o preço for sua saúde, seu relacionamento ou o convívio com a família. Ter uma vida equilibrada certamente trará muito mais dinheiro e sucesso do que se esgotar correndo atrás de um único objetivo profissional.

Uma dica para alcançar esse equilíbrio é incluir momentos de lazer em sua semana, pois assim terão chances muito maiores de ser realmente profissionais bem-sucedidos!

Casas do sucesso

Nesta análise, foram consideradas apenas as casas do sucesso, que são voltadas para o aspecto material e que foram escolhidas por estarem relacionadas à produtividade e ao retorno financeiro. São as casas do dinheiro (casa 2), do trabalho (casa 6) e do sucesso (casa 10).

Casa do dinheiro em Aquário

As pessoas que possuem ascendente em Capricórnio costumam poupar seu dinheiro, pois se preocupam muito com o futuro. É comum comprarem imóveis ou fazerem investimentos de longo prazo, principalmente voltados para especializações profissionais. Também têm forte tendência a gastarem dinheiro em aparelhos tecnológicos de última geração. Além disso, gostam de ajudar os outros, fazendo doações a projetos filantrópicos.

Casa do trabalho em Gêmeos

O posicionamento dessa casa em Gêmeos revela pessoas muito flexíveis em seu ambiente de trabalho, ideais para atividades mais agitadas. Com seu esforço e sua facilidade de comunicação, sabem trabalhar em equipe e sempre encontram formas criativas de resolver problemas.

Casa do sucesso em Libra

O verdadeiro sucesso, para quem tem o ascendente em Capricórnio, é conseguir equilibrar todas as áreas de sua vida. Por esse motivo, esforçam-se muito para serem bons profissionais e bons parceiros em seus relacionamentos. É comum quererem se casar cedo ou iniciarem algum relacionamento longo no início da vida adulta. É importante que entendam que o equilíbrio não está em tentar ser o melhor, mas sim em levar a vida com leveza e fluidez, seja nas relações pessoais ou profissionais.

Signos solares com ascendente em Capricórnio

Áries com ascendente em Capricórnio

Os arianos com ascendente em Capricórnio são focados em seus objetivos e, ao contrário dos outros arianos, que são mais impulsivos, costumam pensar antes de agir. Podem ser muito inseguros e nunca achar que são bons o suficiente, precisando trabalhar sua autoestima.

Touro com ascendente em Capricórnio

Os taurinos com ascendente em Capricórnio são focados, determinados e ambiciosos. Dedicam-se à sua carreira profissional e buscam cargos altos e segurança material, mas devem tomar cuidado para que esse não seja seu único objetivo.

Gêmeos com ascendente em Capricórnio

Os geminianos com ascendente em Capricórnio são inteligentes e procuram ter foco, contrariando o estereótipo de seu signo solar. São pessoas empenhadas, que se dedicam às suas relações pessoais e profissionais. Como buscam agradar a todos, podem ter problemas de autoestima.

Câncer com ascendente em Capricórnio

Os cancerianos com ascendente em Capricórnio são mais frios e ambiciosos e gostam de tudo do seu jeito. São muito cuidadosos e podem ser extremamente críticos com quem não pense como eles. Devem tomar cuidado com a tendência a serem controladores, pois isso pode acabar afetando sua saúde.

Leão com ascendente em Capricórnio

Os leoninos com ascendente em Capricórnio são sérios, determinados e focados, conscientes do que querem e de onde desejam chegar. Gostam de impressionar as pessoas e farão tudo para dar orgulho à sua família, mas precisam tomar cuidado com o excesso de cobrança para que isso não afete sua saúde emocional.

Virgem com ascendente em Capricórnio

Os virginianos com ascendente em Capricórnio são focados, ambiciosos e materialistas. Como gostam de rotina e de relações confiáveis, tendem a seguir carreiras tradicionais ou, no mínimo, buscar empregos seguros. Há o risco de baixa autoestima por se cobrarem excessivamente.

Libra com ascendente em Capricórnio

Os librianos com ascendente em Capricórnio são decididos, focados e ligados à área profissional. Apesar de charmosos, não são pessoas conquistadoras e preferem atrair a conquistar ativamente. Preocupam-se muito com as opiniões dos outros, o que pode prejudicá-los.

Escorpião com ascendente em Capricórnio

Os escorpianos com ascendente em Capricórnio são muito focados, chegando até a ser obsessivos com seu trabalho. São ambiciosos e querem chegar rapidamente aos altos cargos. Como costumam ser fechados e reservados, dificilmente alguém os conhecerá intimamente, mas devem tomar cuidado, pois agindo assim podem dificultar as relações com os outros.

Sagitário com ascendente em Capricórnio

Os sagitarianos com ascendente em Capricórnio são muito comprometidos com seu trabalho. Podem ser ranzinzas e, ao mesmo tempo, abertos e dispostos a conhecer novas pessoas. É uma verdadeira contradição. Como são signos de energias opostas, a pessoa pode ser vista como instável ou indecifrável.

Capricórnio com ascendente em Capricórnio

Os capricornianos com ascendente em Capricórnio são expressivos e melancólicos. Não conseguem disfarçar seus sentimentos e cobram-se bastante para serem pessoas melhores. São dedicadas e costumam se esforçar para ser bons parceiros nos relacionamentos e excelentes profissionais. Têm tendência a baixa autoestima, o que deve ser trabalhado.

Aquário com ascendente em Capricórnio

Os aquarianos com ascendente em Capricórnio são inteligentes e focados. Como são dois signos frios, podem ter dificuldade em desenvolver relacionamentos, pois tendem à superficialidade nas relações. Gostam de dedicar-se a projetos inovadores e possuem opiniões fortes sobre vários temas, podendo até ser radicais.

Peixes com ascendente em Capricórnio

Os piscianos com ascendente em Capricórnio são muito ligados a relacionamento afetivos e se dedicam bastante ao trabalho, costumando concretizar seus sonhos. Cobram-se excessivamente e buscam agradar a todos. Também são ambiciosos, mas têm dificuldade em desagradar os outros, o que pode acabar atrapalhando sua vida profissional.

Posicionamentos de Mercúrio para quem tem o ascendente em Capricórnio

Em seu mapa astral, você poderá checar o signo em que Mercúrio se encontrava no momento de seu nascimento. Como esse planeta está especialmente associado à compreensão de sua imagem pessoal e de sua forma de pensar e comunicar-se, analisaremos em detalhes a influência de seu posicionamento para que tem o ascendente em Capricórnio. Na última parte deste livro, você também encontrará informações específicas sobre o posicionamento de cada astro.

Mercúrio em Áries

As pessoas que possuem esse posicionamento são diretas, sinceras e rápidas para tomar atitudes práticas. Podem ser mandonas e devem tomar cuidado com essa tendência, pois parecerão arrogantes.

Mercúrio em Touro

São pessoas práticas e preocupadas com bens materiais. Responsáveis e ambiciosas, transmitem segurança, o que ajuda em sua busca pelos melhores cargos. Podem perder oportunidades financeiras por serem muito fechadas e conservadoras.

Mercúrio em Gêmeos

É um posicionamento contraditório, pois os geminianos são dispersos e os capricornianos, focados. Esse desequilíbrio pode conferir uma imagem confusa à pessoa, que em alguns momentos parece se importar e, em outros, simplesmente não está nem aí.

Mercúrio em Câncer

Preocupadas e dedicadas, essas pessoas querem se sentir úteis nos ambientes que frequentam, sejam profissionais ou familiares. São pessoas cuidadosas, mas podem sentir um grande estresse por se preocuparem apenas com os outros. É importante que tentem cuidar mais de si mesmas e que desenvolvam a autoestima.

Mercúrio em Leão

Quem tem esse posicionamento é muito ambicioso e preocupado com seu *status* social. Têm tendência a se achar superiores aos outros e a ser arrogantes, característica que pode prejudicar muito a evolução que tanto almejam, pois pessoas arrogantes costumam ficar estagnadas em seu próprio ego.

Mercúrio em Virgem

As pessoas que possuem esse posicionamento são perfeccionistas e extremamente focadas em seus objetivos, capazes de trabalhar na mesma área por décadas. Assumem muitas responsabilidades, inclusive aquelas que não são suas, por isso podem ser estressadas e ranzinzas. Cuidar mais da saúde e praticar atividades de lazer irão ajudá-las a se manterem em paz consigo mesmas.

Mercúrio em Libra

São pessoas esforçadas, que adoram sentir que são úteis para os outros, mas se cobram muito. Inteligentes e calculistas, conhecem muito bem todos à sua volta. Também são ambiciosas, porém não estão dispostas a passar por cima dos outros para alcançar seus objetivos.

Mercúrio em Escorpião

A posição de Mercúrio em Escorpião revela pessoas calculistas, ambiciosas, cautelosas e observadoras. Por serem desconfiadas e sempre acharem que todos estão com algum tipo de interesse, podem atrair apenas pessoas interesseiras. Se buscarem relaxar e se preocupar menos com a vida, atrairão pessoas com bons sentimentos.

Mercúrio em Capricórnio

Sérias, decididas e sinceras, essas pessoas falam o que pensam, mas se cobram muito e podem ficar estressadas e até mesmo paranoicas com seu trabalho, achando que nunca está bom o suficiente. Essa forma de ver a vida pode acabar atrapalhando muito a pessoa, até mesmo no lado profissional, já que pode haver vários pontos cegos que só perceberia em um momento de "desfoque".

Mercúrio em Aquário

Quem tem esse posicionamento é inteligente e muito racional. São pessoas criativas, com facilidade para colocar seus projetos em prática, mas sua frieza pode trazer dificuldades nas relações íntimas, pois passam a impressão de que não se importam com os sentimentos da outra pessoa.

Mercúrio em Peixes

As pessoas que possuem esse posicionamento são caladas e reservadas. Apesar de sonhadoras, não costumam dividir seus anseios e ideais. Procuram agradar aos outros de forma prática, fazendo favores, por exemplo. Como se importam muito com a opinião alheia, devem tomar cuidado com a busca por aceitação, que é totalmente inútil.

Ascendente em Aquário

Originalidade e ousadia *versus* rebeldia e instabilidade

As pessoas com ascendente em Aquário possuem forte tendência a gostar de rupturas, justamente por serem agentes de mudanças. Na verdade, quem possui esse ascendente pensa de forma diferente e busca mudar seu meio. Não seria diferente no ambiente de trabalho, onde essa postura se mantém. Por esse motivo, e por terem opiniões fortes, tendem a desenvolver problemas com seus chefes.

Também é característico de quem tem esse ascendente ter dificuldades em escolher uma carreira, já que são pessoas criativas e geralmente desenvolvem várias habilidades. Seus olhos estão voltados para o futuro, então empresas com moldes antigos serão uma péssima escolha. A vida profissional dos que têm o ascendente em Aquário pode ser complicada por pensarem diferente da maioria das pessoas, o que fará com que encontrem maior resistência às suas ideias. Têm grande tendência a confusões e atitudes que não farão sentido para as pessoas ao seu redor.

Para quem tem esse ascendente, é uma boa opção buscar atividades vinculadas à arte, profissões em que possam mudar o mundo ou trabalhos em ONGs e em empresas com responsabilidade social. É comum que conheçam novos projetos antes das outras pessoas, por isso podem ser ótimos curadores de informação, líderes de equipes e artistas. Também serão favorecidos por profissões que exijam o uso de seu poder mental, que tende a ser elevado se comparado ao da média. Em geral, os que têm ascendente em Aquário são estudiosos e observadores, gostam de política e possuem amplo conhecimento sobre os fatos sociais.

Indiscutivelmente, são pessoas que vieram ao mundo para romper padrões. Para elas, é assustador perceber que não há lógica no mundo, mas sim um grande comodismo social em que muitas coisas são mantidas da mesma forma simplesmente porque são assim há bastante tempo. Porém, ninguém precisa se adaptar aos padrões sociais, podendo simplesmente fazer as coisas do jeito que acredita ser certo. Essa é a magia de estar vivo! Elas podem fazer quase tudo que desejarem, desde que não prejudiquem os outros.

Realmente não existe receita mágica para os que têm o ascendente em Aquário: eles terão de romper padrões se quiserem ser felizes, e isso vai ter um preço alto, mas encontrarão grandes benefícios se optarem por seguir a própria intuição.

Casas do sucesso

Nesta análise, foram consideradas apenas as casas do sucesso, que são voltadas para o aspecto material e que foram escolhidas por estarem relacionadas à produtividade e ao retorno financeiro. São as casas do dinheiro (casa 2), do trabalho (casa 6) e do sucesso (casa 10).

Casa do dinheiro em Peixes

Quem possui ascendente em Aquário sente uma grande necessidade de estar em ambientes harmoniosos e espiritualizados e tende a gastar seu dinheiro com cultura e com a decoração de seu lar. É muito comum preferir investir em experiências e sensações, sejam velas, incensos ou saltos de paraquedas, a acumular objetos e entulhos. Não são pessoas materialistas, por isso buscam usar seus recursos financeiros para experimentar a vida e elevar o espírito.

Casa do trabalho em Câncer

É muito comum que os que têm ascendente em Aquário sejam vistos como rebeldes ou até mesmo infantis, porém, tendo Câncer na casa do trabalho, eles precisam sentir uma forte conexão emocional com sua atividade profissional ou simplesmente não conseguirão se enquadrar em nenhuma função. Por isso, é importante que encontrem causas com as quais se identifiquem e busquem trabalhar com o que realmente amam, já que não haverá êxito profissional de outra forma.

Casa do sucesso em Escorpião

Quem possui a casa do sucesso em Escorpião não quer simplesmente "ver o circo pegar fogo", mas sim botar fogo no circo! Para a pessoa com o ascendente em Aquário, o sucesso está em revolucionar, mudar, romper os padrões sociais. Essas pessoas têm a missão de "limpar" o mundo, destruindo o que é velho e trazendo mudanças para que exista a possibilidade de um futuro melhor. Por serem destemidas, conseguem acumular bastante dinheiro durante a vida.

Signos solares com ascendente em Aquário

Áries com ascendente em Aquário

Os arianos com ascendente em Aquário são rebeldes e impulsivos. Estão sempre em busca de uma nova aventura e não se contentam com a rotina. Amantes da liberdade, não gostam de se sentir presos em um relacionamento, muito menos pressionados em seu trabalho. Têm muita iniciativa, mas devem tomar cuidado com a agressividade excessiva.

Touro com ascendente em Aquário

Os taurinos com ascendente em Aquário têm mais iniciativa que os taurinos típicos. Trata-se de uma personalidade contraditória, pois, ao mesmo tempo que o taurino é constante, o ascendente em Aquário é imprevisível. São pessoas que aparentam frieza e indiferença, o que pode atrapalhar seus relacionamentos afetivos, já que, no fundo, buscam algo estável e alguém que se importe com eles.

Gêmeos com ascendente em Aquário

Os geminianos com ascendente em Aquário são totalmente imprevisíveis. Aquário é um signo fixo e idealista, e Gêmeos é um signo mutável, combinação que faz com que a pessoa mude de ideia a todo momento, pois pensa em muitas coisas ao mesmo tempo. É importante concentrar-se em uma coisa só, pois não falta energia para dar continuidade a projetos.

Câncer com ascendente em Aquário

Os cancerianos com ascendente em Aquário podem ter gostos peculiares, optando por decorações inusitadas para sua casa e por relacionar-se com pessoas que tenham modos de pensar diferentes. São cuidadosos com seus bens materiais, sempre pensando no futuro.

Leão com ascendente em Aquário

Os leoninos com ascendente em Aquário são originais e chamam a atenção por sua aparência diferente. Ao deparar com alguém que tenha esse posicionamento astrológico, verá que essa pessoa não se parece com nada que você já viu na vida. Os leoninos com ascendente em Aquário devem tomar cuidado com a arrogância e evitar achar que, apenas por terem ideias únicas, são melhores do que os outros.

Virgem com ascendente em Aquário

Os virginianos com ascendente em Aquário são criativos e perfeccionistas. Essa é uma personalidade contraditória, pois o virginiano é organizado, enquanto o aquariano não costuma ser. São pessoas que aparentam irresponsabilidade, mas são extremamente dedicadas quando se comprometem com algo. Devem ter cuidado com a tendência à racionalidade, pois podem acabar não sendo sensíveis ao meio e tendo pouca empatia com as pessoas.

Libra com ascendente em Aquário

Os librianos com ascendente em Aquário são menos pacíficos do que os librianos típicos, mas gostam de ver a sociedade em harmonia e lutam por ela. São pessoas inteligentes e comunicativas, que se destacam por essas características. Precisam tomar cuidado para não serem tão inconstantes em suas ações, pois ambos os signos têm essa tendência.

Escorpião com ascendente em Aquário

Os escorpianos com ascendente em Aquário são transformadores, tendo uma grande força de vontade e a capacidade de mudar as coisas à sua volta. Devem ter cuidado com sua impulsividade excessiva, pois certas atitudes podem comprometer seu desempenho no trabalho e causar intrigas com outras pessoas.

Sagitário com ascendente em Aquário

Os sagitarianos com ascendente em Aquário prezam muito a liberdade, seja a sua ou a de outras pessoas, por isso podem gostar de participar de causas sociais ou projetos financeiros com objetivos grandiosos e de extrema relevância para a humanidade. São pessoas com ideias grandiosas, que não se adaptarão à mediocridade. É importante que saibam estruturar seus interesses e tornar seus objetivos viáveis ou se tornarão apenas sonhadores sem foco.

Capricórnio com ascendente em Aquário

Os capricornianos com ascendente em Aquário são muito fechados e focados em sua área profissional. São mais criativos e bem menos conservadores que um capricorniano típico, com uma grande capacidade a dar andamento aos seus projetos. Devem tomar cuidado com sua teimosia excessiva, pois acham que sempre estão certos e costumam ignorar a opinião de outras pessoas.

Aquário com ascendente em Aquário

Os aquarianos com ascendente em Aquário são diferentes tanto em suas ideias como em sua aparência física, podendo ter estilos únicos. São insubordinados e devem ter cuidado para não serem vistos como rebeldes sem causa. Por gostarem de debater qualquer tipo de assunto, tendem a impor suas opiniões. Se quiserem ter sucesso na vida, será importante desenvolver a flexibilidade.

Peixes com ascendente em Aquário

Os piscianos com ascendente em Aquário são extremamente idealistas, místicos e criativos, com ideias diferentes e originais. Esse ascendente torna o pisciano mais individualista, fazendo-o pensar mais em si e ter uma visão genérica das situações. Devem ter cuidado com o que falam, pois as pessoas podem ter dificuldade em acompanhar sua linha de raciocínio e não os levar a sério.

Posicionamentos de Mercúrio para quem tem ascendente em Aquário

Em seu mapa astral, você poderá checar o signo em que Mercúrio se encontrava no momento de seu nascimento. Como esse planeta está especialmente associado à compreensão de sua imagem pessoal e de sua forma de pensar e comunicar-se, analisaremos em detalhes a influência de seu posicionamento para os que têm o ascendente em Aquário. Na última parte deste livro, você também encontrará informações específicas sobre o posicionamento de cada astro.

Mercúrio em Áries

As pessoas que possuem esse posicionamento são sinceras e exóticas. Falam o que pensam e são destemidas diante da vida, mas devem tomar cuidado com a impulsividade. A pessoa com o ascendente em Aquário traz certa confusão mental, enquanto a posição de Mercúrio em Áries traz poder de iniciativa, por isso o resultado pode ser uma pessoa com atitudes confusas e imprevisíveis. É importante tentar se equilibrar emocionalmente e se autoconhecer para viver em paz consigo mesmo e com o mundo.

Mercúrio em Touro

São pessoas práticas, racionais e teimosas, que dificilmente mudam de opinião após chegarem a uma conclusão. Gostam de coisas exóticas, e, apesar de serem materialistas, adoram ter sua própria liberdade. Costumam pensar de modo diferente, ao mesmo tempo que trazem segurança para os outros, seja no trabalho ou nas relações pessoais.

Mercúrio em Gêmeos

Estudiosas, comunicativas e frias, essas pessoas gostam muito de debater assuntos sociais e não fogem de um bom combate intelectual. São inteligentes e exóticas, mas, com sua forma de expressão fria, podem passar a impressão de que não se importam com as outras pessoas.

Mercúrio em Câncer

Quem tem esse posicionamento é, ao mesmo tempo, emotivo e frio. São pessoas que pensam muito, mas não costumam expor seus sentimentos para qualquer um. Gostam de cuidar de seus amigos e têm ótima memória. Sensíveis, podem ser boas em trabalhos sociais.

Mercúrio em Leão

As pessoas que têm esse posicionamento possuem ideias diferentes e são autocentradas. Podem ser muito ambiciosas, já que ambos os signos estão no eixo do poder, e excêntricas, tendo dificuldade em entender os sentimentos alheios e transmitir aos outros sua real intenção. É importante que busquem trabalhar as habilidades de comunicação para serem mais assertivas.

Mercúrio em Virgem

São pessoas intelectuais, detalhistas e práticas, que conseguem transformar em ação suas ideias inovadoras e disruptivas. Também são criativas e conseguem ter foco em seus projetos, mas podem ter dificuldade em lidar com seus próprios sentimentos.

Mercúrio em Libra

Criativas, artísticas, inteligentes e observadoras: assim são as pessoas com o ascendente em Aquário que possuem Mercúrio em Libra. São carismáticas e originais, e seus projetos sempre têm alguma relação com a estética e com o belo. Também são confusas e, em casos extremos, podem ser muito indecisas. É fundamental que busquem tomar decisões e se autoanalisar constantemente.

Mercúrio em Escorpião

Esse é um posicionamento confuso, já que a presença de Mercúrio em Escorpião tende à introversão enquanto a pessoa com o ascendente em Aquário é muito sociável. A junção dessas duas características pode resultar em bons ouvintes e em pessoas com ideias criativas no âmbito financeiro. A comunicação pode ser um aspecto de grande dificuldade, já que quem tem Mercúrio em Escorpião é muito emotivo e reservado.

Mercúrio em Sagitário

As pessoas que possuem esse posicionamento são expansivas, comunicativas e sociáveis, por isso adoram estar em grupo. Também são aventureiras e inteligentes e gostam de um bom debate sobre qualquer assunto. Por serem tão extrovertidas, podem deixar de lado reflexões básicas do dia a dia, e, por isso, pode faltar um nível de autoconhecimento.

Mercúrio em Capricórnio

Essas são pessoas criativas e determinadas, com várias ideias e posicionamentos sociais relevantes. É possível que entendam bastante sobre política e se envolvam em causas sociais. São muito racionais e, em casos extremos, podem ser frias e até mal compreendidas.

Mercúrio em Aquário

As pessoas que têm esse posicionamento são criativas e sociáveis, com formas de pensar que fogem aos padrões, mas podem ser confusas e viver em um caos. É importante que aproveitem a criatividade e evitem ser "um poeta maldito". Devem viver sua arte e seus projetos, sem esquecer que são um ser humano que, acima de tudo, precisa de amor e carinho.

Mercúrio em Peixes

Apesar de imaginativas e cheias de ideais, pode faltar a essas pessoas a praticidade para desenvolverem seus projetos. Também são pessoas sonhadoras, mas pode faltar autoestima. Têm tendência a se deixarem ser usadas pelos outros e depois os culpar, restando um sentimento de autopiedade. Devem evitar essa armadilha buscando concretizar seus sonhos e não se fazer de vítimas.

♓

ASCENDENTE EM PEIXES

Empatia e criatividade *versus* ilusão e dissimulação

Quem possui ascendente em Peixes gosta muito de ajudar os outros, o que é algo positivo no ambiente de trabalho. Um chefe com ascendente em Peixes, por exemplo, cuida de seus funcionários como se fizessem parte de sua própria família. Essas pessoas também costumam ser proativas e buscam seu reconhecimento de forma sutil, pois não querem ter a fama de alguém que passa por cima dos outros. Pelo contrário, tentam fazer tudo da forma mais correta, já que seu principal objetivo é se sentirem úteis.

No trabalho, são pessoas sensíveis e carismáticas, que fazem amizade facilmente e têm boas relações com seus chefes. Na verdade, são essenciais em uma empresa, pois trazem paz ao ambiente, arrumam a desordem alheia e evitam confusões a todo custo. Porém, por serem tão sensíveis, devem ter cuidado ao lidar com ambientes pesados, pois podem ficar depressivas e ansiosas. É comum que essas pessoas escolham ser médicas, advogadas ou funcionárias públicas, pois é inegável que buscam uma profissão que traga segurança, já que tendem a ser emocionalmente instáveis.

É importante também que cultivem uma postura mais firme ao encarar situações difíceis e enfrentar pessoas estressantes. Caso tenham chefes difíceis, devem buscar não levar suas palavras para o lado pessoal ou até mesmo considerar mudar de emprego, pois a falta de atitude pode atrapalhar a carreira. Mesmo que sejam legais, simpáticas e eficientes, dificilmente conseguirão prosperar se não souberem se impor nos momentos certos.

Dessa forma, as pessoas com esse ascendente devem procurar usar suas qualidades, mas sem deixar de trabalhar seus pontos fracos. Aprendendo a dizer "não", evitando pessoas estressantes e impondo-se em momentos de conflito, conseguirão ter a vida que desejam.

Casas do sucesso

Nesta análise, foram consideradas apenas as casas do sucesso, que são voltadas para o aspecto material e que foram escolhidas por estarem relacionadas à produtividade e ao retorno financeiro. São as casas do dinheiro (casa 2), do trabalho (casa 6) e do sucesso (casa 10).

Casa do dinheiro em Áries

Quem possui ascendente em Peixes tende a gastar seu dinheiro de forma impulsiva, o que pode acabar prejudicando sua saúde financeira. É muito comum que gostem de festas, comemorações e tudo que traga agitação, mas é preciso ter um planejamento financeiro que viabilize essa vida agitada ou alguém que ajude a gerenciar o dinheiro. O mais importante é aproveitar a vida tendo cuidado para que os gastos não tragam instabilidade.

Casa do trabalho em Leão

A casa do trabalho em Leão revela pessoas que possuem uma grande necessidade de expressão por meio de sua atividade profissional. São pessoas autênticas, que costumam desenvolver dons artísticos e liderar naturalmente seus colegas de trabalho, pois são muito focadas no resultado final dos projetos, dando sempre o melhor de si. Elas se empenham profundamente e possuem uma forte vontade de obter sucesso em seu dia a dia profissional.

Casa do sucesso em Sagitário

O grande sucesso para quem tem ascendente em Peixes está em viajar, comer, transar, beijar, sair, correr, ou seja, em viver plenamente e experimentar todas as experiências que a vida pode proporcionar. Para essas pessoas, não existe limite. Uma pessoa com ascendente em Peixes que não viaja e não tem o hábito de sair de casa certamente é uma pessoa melancólica e triste. A regra é clara: sucesso é aproveitar a vida ao máximo!

Signos solares com ascendente em Peixes

Áries com ascendente em Peixes

Os arianos com ascendente em Peixes são mais harmoniosos do que os arianos típicos. Costumam reagir imediatamente a qualquer coisa, mas, em vez de demonstrar agressividade quando são desagradados, agem de modo dramático e sentimental. É importante exercitar a capacidade de foco, pois podem ter muita dificuldade em se manterem concentrados por um longo período.

Touro com ascendente em Peixes

Os taurinos com ascendente em Peixes são muito queridos pelas pessoas ao seu redor, pois gostam de agradar e são extremamente passivos e dengosos em suas relações. Dão a impressão de serem quietos e distraídos. A preguiça e a lerdeza são, sem dúvida, seus piores defeitos.

Gêmeos com ascendente em Peixes

Os geminianos com ascendente em Peixes são criativos e imaginativos, capazes de pensar em várias ideias. O problema, porém, é colocar tais ideias em prática, pois não gostam de se dedicar a um único projeto. Dessa forma, devem procurar ter mais constância em suas atividades e não ser tão distraídos.

Câncer com ascendente em Peixes

Os cancerianos com ascendente em Peixes são intuitivos, têm uma forte ligação com a família e são muito afetivos com as pessoas próximas. Extremamente sensíveis, devem tomar cuidado para não se machucarem demais com qualquer crítica que lhes seja feita.

Leão com ascendente em Peixes

Os leoninos com ascendente em Peixes são generosos e gostam de ajudar as pessoas à sua volta. O ascendente torna o leonino menos exigente, fazendo com que as outras pessoas sigam sua vontade espontaneamente. Porém, não gostam de ser criticados e devem tomar cuidado para não se ofenderem com qualquer comentário.

Virgem com ascendente em Peixes

Os virginianos com ascendente em Peixes são bastante contraditórios, pois o virginiano necessita de organização e rotina, enquanto o ascendente em Peixes tem pouca capacidade de foco e é menos sistemático. São duas energias equilibradas por virem de signos opostos, mas devem ser usadas com sabedoria.

Libra com ascendente em Peixes

Os librianos com ascendente em Peixes gostam de agradar a todos, e, por terem um bom coração, geralmente conseguem. É importante tomar cuidado para não serem passivos demais, pois o excesso de doação faz com que se esqueçam de si mesmos e considerem que nem todas as pessoas são generosas como eles. Também devem ter cuidado com a tendência à indecisão.

Escorpião com ascendente em Peixes

Os escorpianos com ascendente em Peixes não são vingativos como um típico escorpiano. Como são emotivos e espontâneos, descarregam toda a sua carga negativa com facilidade, evitando guardar rancor. Precisam tomar cuidado com o sentimentalismo em excesso, o que pode levar à melancolia.

Sagitário com ascendente em Peixes

Os sagitarianos com ascendente em Peixes são livres, leves e soltos. Cultivam relacionamentos afetivos, já que o ascendente em Peixes dá ao sagitariano um apego maior. Por outro lado, não gostam de se sentir presos e não funcionam sob pressão. Por isso, devem procurar trabalhos em que tenham liberdade para se expressar.

Capricórnio com ascendente em Peixes

Os capricornianos com ascendente em Peixes são mais afetivos e muito voltados para as outras pessoas, optando por carreiras em que possam ajudar os outros. Também costumam fazer parte de ONGs destinadas a proteger os animais e de outros grupos de apoio. Devem tomar cuidado para não se tornarem melancólicos e solitários.

Aquário com ascendente em Peixes

Os aquarianos com ascendente em Peixes são criativos, imaginativos e sensíveis, por isso podem ter vários dons artísticos. Têm certa dificuldade em se enquadrar em padrões sociais, já que são pessoas bem diferentes. É importante que trabalhem em áreas em que possam se doar para os outros e que se envolvam em causas sociais importantes.

Peixes com ascendente em Peixes

Os piscianos com ascendente em Peixes têm muita empatia e, por isso, costumam ser amáveis. São criativos e imaginativos, mas não costumam colocar em prática o que têm em mente, além de serem muito distraídos. Precisam ter cuidado com a tendência a se desvincularem da realidade.

Posicionamentos de Mercúrio para quem tem ascendente em Peixes

Em seu mapa astral, você poderá checar o signo em que Mercúrio se encontrava no momento de seu nascimento. Como esse planeta está especialmente associado à compreensão de sua imagem pessoal e de sua forma de pensar e comunicar-se, analisaremos em detalhes a influência de seu posicionamento para que tem o ascendente em Peixes. Na última parte deste livro, você também encontrará informações específicas sobre o posicionamento de cada astro.

Mercúrio em Áries

As pessoas que possuem esse posicionamento são sinceras, mas, ao mesmo tempo, detestam magoar os outros, por isso sempre buscam ponderar as palavras. São pessoas sonhadoras, e, mesmo que não tenham paciência para ouvir reclamações, são as primeiras a se prontificarem quando alguém precisa de ajuda.

Mercúrio em Touro

Quem tem esse posicionamento é muito amoroso e cuidadoso com quem ama, mas pode se preocupar demasiadamente com a família e os amigos e acabar carregando os problemas dos outros nas próprias costas. É essencial tomar cuidado para não se deixar ser manipulado pelas pessoas, já que, sempre disposto a ajudar financeiramente, passa uma impressão de ingenuidade.

Mercúrio em Gêmeos

São pessoas inspiradas, artísticas e muito criativas, que pensam em mil coisas ao mesmo tempo, mas devem tomar cuidado para não manterem as ideias somente no pensamento. Podem ter vários dons, principalmente voltados para a música. Também tendem a ser intelectuais, apesar de confusos em suas reflexões.

Mercúrio em Câncer

Emotivas e sensíveis, essas pessoas se magoam por qualquer motivo e podem mudar de humor drasticamente de acordo com o ambiente em que se encontram. Têm tendência a se fazerem de vítima em situações nas quais elas mesmas se colocam de forma viciosa e a fazer drama por qualquer coisa.

Mercúrio em Leão

As pessoas que apresentam esse posicionamento são inspiradoras e, apesar de sentimentais, autoconfiantes. Podem ter facilidades cognitivas e aprender qualquer coisa, além de possuírem boas habilidades de comunicação. Devem evitar se sentir ofendidas por qualquer motivo.

Mercúrio em Virgem

Quem tem esse posicionamento é sonhador e capaz de concretizar suas ambições, já que une o lúdico e o prático. Apesar de ser um posicionamento confuso, é uma ótima chance de ter o melhor dos dois mundos: criatividade para conceber projetos e organização e praticidade para desenvolvê-los.

Mercúrio em Libra

São pessoas artísticas e inspiradas, que, por temerem magoar as outras, podem engolir muitos desaforos. Por ponderarem suas palavras, querendo proteger os sentimentos alheios, podem até parecer falsas e manipuladoras. Têm tendência a uma grande indecisão. É essencial que procurem ser mais naturais e trabalhem a autoestima.

Mercúrio em Escorpião

Emotivas e rancorosas, essas pessoas não falam muito sobre seus sentimentos e esperam que as pessoas simplesmente os adivinhem. Isso pode causar grandes problemas em relacionamentos pessoais e profissionais, pois nunca se sabe o que realmente querem. É importante que aprendam a dizer o que sentem e que ouçam o que as pessoas têm a dizer.

Mercúrio em Capricórnio

As pessoas que possuem esse posicionamento são sonhadoras ao mesmo tempo que têm certo senso de praticidade. Apesar de sonharem bastante, podem subestimar suas capacidades, aceitando empregos que estão abaixo de seu potencial intelectual. Com esse posicionamento, é importante buscarem concretizar esses sonhos; se não o fizerem, essas pessoas se sentirão melancólicas e, em casos extremos, depressivas.

Mercúrio em Aquário

São pessoas extremamente criativas e dispersas, que pensam de modo muito diferente e, por isso, podem ser incompreendidas, já que outros talvez não consigam acompanhar sua linha de raciocínio. O importante é que desenvolvam seus projetos e mostrem os resultados, pois só assim os outros conseguirão visualizar com clareza suas ideias.

Mercúrio em Peixes

Sonhadoras e divagadoras, essas pessoas vivem em um mundo que só elas conhecem. Como são intuitivas e sensíveis, podem ter percepções avançadas sobre a vida e sobre as pessoas e não serem compreendidas, já que a maioria das pessoas busca coisas "inferiores". É essencial que mantenham o senso de praticidade e procurem realizar seus sonhos.

PARTE III

Ascendentes

Seu ascendente fala sobre sua forma de enxergar a vida e a imagem que você passa para as outras pessoas.

Os ascendentes em cada signo

Ascendente em Áries

Você tem uma visão positiva diante da vida. Ativo e direto, não deixa nada para depois. Você já nasceu pronto e vive o hoje, de preferência com muito movimento! Com sua força e dinamismo, consegue alcançar seus objetivos. Sua postura é sincera e você não costuma medir palavras, mas é preciso ter cuidado com seu ego e com seu orgulho.

Ascendente em Touro

Você vê a vida de uma forma tranquila e não suporta que o apressem para fazer algo. Tudo tem de ser no seu tempo.

Aprecia a estabilidade, por isso tende a ser relutante ao novo. Apesar de sua personalidade forte, você é discreto e aprecia a intimidade. Para você, a vida precisa ser bem vivida, com tudo do bom e do melhor e sem nenhuma pressa.

Ascendente em Gêmeos

Você se adapta com facilidade e adora mudanças. Aliás, se tudo estiver parado, é você quem muda de ambiente. Muito observador, está sempre prestando atenção em tudo e em todos, e tem grande interesse por assuntos intelectuais. É uma pessoa curiosa e tem mil ideias por dia, por isso é importante treinar seu foco. Provavelmente você parece mais jovem do que é.

Ascendente em Câncer

Você é gentil, atencioso, solícito e simpático, trazendo segurança para quem está à sua volta. Tem bastante ambição e sabe o valor do dinheiro. Nos aspectos negativos, é preciso ter cuidado com a insegurança e a vulnerabilidade após abalos emocionais.

Ascendente em Leão

Você gosta de ser reconhecido e se esforça bastante para que isso aconteça, colocando-se no comando de seu círculo social. Como tende a ser resistente a novas ideias, é preciso estar atento para não perder o barco. Entusiasmado, você cria um cotidiano alegre, no qual sente a necessidade de ter conforto. Uma dica é buscar tirar os olhos do espelho e observar o mundo ao seu redor, pois só assim terá o sucesso que deseja. É provável que chame a atenção pelo seu cabelo.

Ascendente em Virgem

Você gosta de organização e se interessa por assuntos intelectuais. É prático, aberto ao novo e atento a mudanças, mas tende a reclamar de tudo. Cuidado para não ignorar as coisas mais importantes por estar focado demais em detalhes.

Ascendente em Libra

Você é charmoso e agradável e trata bem todas as pessoas ao seu redor, o que é percebido. Em geral, os que têm o ascendente em Libra são sociáveis, bonitos e simpáticos. Como gosta de equilíbrio e de justiça, você odeia estar no meio da confusão e gostaria de viver em um mundo de paz.

Ascendente em Escorpião

Você almeja ter bastante sucesso e está disposto a consegui-lo, mantendo-se focado em seus planos e em sua segurança financeira. Com o ascendente em Escorpião, você encara a vida profundamente e busca saber o que está por trás dos fatos. A tendência é ser bastante inflexível: o que você falou está falado e ponto final! É comum que os outros se sintam sexualmente atraídos por você.

Ascendente em Sagitário

Você é enérgico e aberto a novas experiências, disposto até a morar em outro país. A liberdade é essencial em sua vida, assim como a alegria, que você espalha por onde passa. Uma característica marcante de quem tem o ascendente em Sagitário são as vestimentas exóticas e o estilo próprio. Não tem como confundir você com outra pessoa!

Ascendente em Capricórnio

Você é responsável e determinado, mas é provável que tenha dificuldade para conseguir o que deseja por ser fechado e resistente a mudanças. Há um desejo de que os outros percebam seu valor. Tome cuidado para não achar que dinheiro é tudo na vida.

Ascendente em Aquário

Você é extremamente sociável, simpático e comunicativo, fazendo amigos com facilidade. Tem boas ideias e precisa se manter concentrado para que possa realizá-las. Muito criativo e original, sua forma de ver o mundo é única, por isso as pessoas se sentem atraídas por você ao mesmo tempo que o acham estranho. Você dá muito valor à sua liberdade, mas evite ser uma pessoa tão distante.

Ascendente em Peixes

Você é imaginativo, sonhador e capaz de se adaptar a qualquer lugar. Como absorve as energias do ambiente, deve ter cuidado para que não interfiram em sua vida pessoal. A tendência a fantasiar também pode levá-lo a se desconectar da realidade, pois é comum que as pessoas com ascendente em Peixes fiquem só na imaginação. Se buscar realizar seus sonhos, você se sentirá mais feliz.

O Sol

O signo solar representa a maneira como você se expressa e a forma como reage aos acontecimentos gerais da vida.

O Sol em cada signo

Sol em Áries

Você é dinâmico e consegue pensar e agir rapidamente. Tente direcionar essa força para a conclusão de seus projetos, pois existe uma facilidade de desgastar-se com situações irrelevantes do dia a dia, como brigas e discussões. Tendo o Sol em Áries, você possui pouca paciência. Sua postura autoconfiante esconde um sentimento de inadequação aos padrões.

Sol em Touro

Persistente, firme e forte, você age com cautela e demora para tomar decisões. Muito prático, mantém um movimento lento e constante na vida, direcionando sua energia para realizar seus objetivos. Como tem necessidade de conforto e segurança, tende a buscar estabilidade financeira. Você pode ser inflexível, portanto tente enxergar o ponto de vista dos outros ou correrá o risco de ficar isolado em seu próprio mundo.

Sol em Gêmeos

Você é inquieto: mesmo que esteja fisicamente parado, sua mente nunca para. Uma palavra ou um olhar podem fazê-lo mudar totalmente o destino de sua vida, mas lembre-se de que você não precisa tomar decisões o tempo inteiro. Diminua a quantidade de objetivos; se você tiver vários, nenhum será concluído. Por mais que queira abraçar o mundo, abrace uma coisa de cada vez, afinal você é só uma pessoa.

Sol em Câncer

Extremamente sensíveis, os cancerianos costumam possuir uma ligação forte com suas origens, sua família, seu país e sua cidade natal. Por ter uma sensibilidade aguçada, é natural que você seja mais reservado, mas tome cuidado para não se isolar das oportunidades. Você é cuidadoso e possui ótima memória.

Sol em Leão

Por ser sociável, ativo e generoso, você sente a necessidade de se posicionar socialmente e ser admirado. Para ser reconhecido como deseja, concentre-se em seus projetos, e não no reconhecimento, pois sua obra é o que trará admiração. Com o Sol em Leão, você brilha e nunca passa despercebido. Até as pessoas poderosas sentem simpatia por você. Tome cuidado com invejosos.

Sol em Virgem

Você é perfeccionista e muito exigente consigo e com os outros, mas tome cuidado para não incomodar com suas críticas. Você cuida bem de quem ama, gosta de rotina e de organização, comunica-se bem e leva a sério suas responsabilidades. Busque cultivar seu amor-próprio.

Sol em Libra

Você acredita que tudo pode ser equilibrado e que todos podem viver em paz, por isso está sempre em busca de agradar a todos ao seu redor. Além disso, cuida bem de suas relações, gosta de ter parcerias e adora se divertir. É bom tomar cuidado com a indecisão: por querer agradar a todos, pode ficar em cima do muro. É muito comum que os librianos sejam pessoas bonitas.

Sol em Escorpião

Você é forte e observador, dono de uma mente altamente investigativa. Dificilmente alguém compreende suas reais intenções, já que você não fala muito. Extremista e possessivo, dificilmente se mantém neutro sobre algum assunto e dá muita importância a tudo que é ou que pode ser seu. Procure formas de aliviar o estresse causado por esse estado de alerta permanente.

Sol em Sagitário

Você é muito animado e extrovertido, adora conhecer pessoas e culturas e conversa com qualquer um sobre qualquer assunto. Possui uma mente curiosa e exagerada e está sempre disposto a se aventurar. É importante que tenha um objetivo grande e que busque alcançá-lo ou a vida será uma experiência maçante.

Sol em Capricórnio

De todos os signos, o seu é o mais confiável, pois o capricorniano costuma honrar sua palavra. Muito dedicado aos seus compromissos e prático, você cumprirá tudo o que combinou. Seu raciocínio é excelente e você está sempre trabalhando duro para realizar algo. É muito reservado no trato com os outros, mas é um amigo leal e presente.

Sol em Aquário

Você é diferente, independente, único. Ama a liberdade e não tolera quem se intromete em sua vida. Tudo que pareça diferente e fora da norma o atrai, pois é da sua natureza contestar. Tome cuidado para não ser apenas um teimoso inflexível. É comum que aquarianos tenham interesse por conhecimentos ocultos, como a Astrologia.

Sol em Peixes

Você é sonhador, tolerante, amoroso, criativo e espiritualizado, tendendo a gostar de assuntos místicos e religiosos. Como não quer magoar as pessoas, deixa-se levar pela vontade dos outros e tem dificuldade em tomar decisões. Por ser humilde e generoso, costuma ser bem-vindo em todos os lugares.

O Sol em cada casa

Sol na primeira casa

Com o Sol na primeira casa, não tem tempo ruim para você, que é sempre otimista e confiante. É comum que os outros se aproximem e se deixem ser liderados. Você é extrovertido, animado e aberto a novas pessoas e formas de pensamento. Busca viver com intensidade e gosta de fazer parte de projetos inovadores, mas tenha cuidado para não ser muito egoísta.

Sol na segunda casa

É comum que você tenha amigos bem-sucedidos, pois possui grande capacidade de atrair dinheiro e sucesso. A segurança material é muito importante em sua vida, assim como valores concretos e precisos. Você vive de forma prática, mas uma vida luxuosa seria o ideal. É preciso ter cuidado para não querer tudo para si e tornar-se egoísta. O Sol na segunda casa é um ótimo posicionamento para trabalhos ligados a finanças e administração.

Sol na terceira casa

Sua mente é inquieta e está sempre buscando aprender sobre novos temas, o que revela um espírito de pesquisador. Você é observador e otimista e gosta de viajar e conhecer novas pessoas. Imparcial, é provável que seja um bom orador e goste de escrever. Cuidado para não ser muito egoísta.

Sol na quarta casa

Você possui uma enorme necessidade de segurança, por isso é provável que seja bastante caseiro e tenha zelo com suas posses. Com o Sol na quarta casa, você tende a gostar de cozinha, jardinagem e decoração. Pode ser que sua mãe tenha adotado um papel paterno, pois o Sol representa o pai e a quarta casa está relacionada a Câncer, signo maternal.

Sol na quinta casa

Você é criativo, alegre, popular e admirado. Busca estar sempre bem em todas as áreas da vida, e o amor é bastante beneficiado, pois você ama com prazer e tranquilidade. Expressivo e forte, gosta de ser visto e não esconde isso de ninguém, mas tome cuidado com o ego, que pode acabar dominando sua personalidade. O Sol na quinta casa favorece todas as áreas, inclusive a inveja, então fique atento.

Sol na sexta casa

Você é voltado para seu trabalho e muito dedicado, sabendo como se programar para que tudo corra bem. Seus feitos são importantes para você e motivos de orgulho. O Sol na sexta casa também revela pessoas cuidadosas, com uma preocupação especial com organização e higiene. Você tende a ser perfeccionista com o que é do seu interesse, mas, por outro lado, o que não é prioridade para você é abandonado.

Sol na sétima casa

Você é um ótimo parceiro e gosta de lidar com outras pessoas, mas é preciso tomar cuidado para não deixar suas vontades de lado por querer agradar aos outros. Suas parcerias são benéficas, pois, como não é egoísta, as coisas fluem naturalmente. O casamento é muito importante para você.

Sol na oitava casa

Você se interessa bastante pelo oculto e por todos os assuntos pouco explorados. Com Sol na oitava casa, tende a ser reservado e cauteloso, mas sente-se atraído por profissões ligadas ao poder. Os outros têm facilidade para confiar em você. É provável que o começo de sua vida tenha sido difícil. Esse posicionamento traz intensidade e uma sexualidade aflorada.

Sol na nona casa

Você tem interesse por novas culturas e seus idiomas, filosofia e religião, com uma tendência a ser muito estudioso e gostar de ensinar. O Sol na nona casa revela pessoas inteligentes e com grande senso de justiça. Como se interessa por viagens longas, é provável que você more em outro país e até se case com um estrangeiro.

Sol na décima casa

Você é determinado e responsável. Quando coloca algo na cabeça, absolutamente nada o impede. Você quer ter sucesso e terá, pois o Sol na décima casa revela pessoas bem-sucedidas e até mesmo famosas. Com sua postura de liderança, você se sente atraído pela ideia de ter poder e não se contenta com pouco. Todos percebem sua presença e confiam facilmente em você. Tome cuidado para não deixar de lado as coisas simples da vida.

Sol na décima primeira casa

Você é criativo e tende a ter muitos contatos, mas é provável que tenha dificuldade com intimidade e dificilmente se abra verdadeiramente para alguém. Por outro lado, você é determinado e consegue absolutamente tudo que quer. Por ter ideias novas, tende a ser vanguardista. Você transmite confiança, e suas características sociais o tornam um ótimo líder. Fique atento para não viver só para o amanhã.

Sol na décima segunda casa

Você gosta de ajudar os outros, mas não dá o devido valor aos seus talentos e sempre acha que os outros são melhores do que você. Por isso, procure cultivar a autoconfiança, explorando seus talentos e evitando sabotar-se. Essa posição do Sol revela pessoas muito sensíveis e perceptivas e favorece os dons artísticos e a mediunidade.

A Lua

O signo lunar representa nossas características emocionais.

A Lua em cada signo

Lua em Áries

Você vê a vida como uma grande aventura, pois a Lua em Áries traz bastante impulsividade, e é comum você agir sem pensar. Pode ter sido uma criança agressiva. Você é entusiasmado e sincero, com um temperamento esquentado e nervoso, que pode causar dores de cabeça constantes. Tem dificuldade em lidar com autoridades e em pedir ajuda.

Lua em Touro

Suas emoções são voltadas para a segurança e o conforto. Você é bastante exigente e quer sempre o melhor, pois é muito ligado às suas posses materiais. Sua forma de lidar com os sentimentos é constante e confiável, sendo muito leal a quem ama. Você possui boa memória e assimila informações de forma lenta e precisa. Sua alma é ligada à arte e ao belo.

Lua em Gêmeos

No que diz respeito aos seus sentimentos, você é bastante racional e talvez até frio. Não costuma ser muito intuitivo, mas é observador, tomando conclusões precisas. É provável que tenha facilidade em atividades manuais e em comunicar-se. Sente-se atraído por áreas profissionais nas quais é possível expor sua criatividade, como literatura e arte. Seu espírito é eternamente jovial e, como Peter Pan, recusa-se a envelhecer.

Lua em Câncer

Você é protetor e maternal. Muito sensível, capta as vibrações do ambiente e precisa ter cuidado para que as energias externas não interfiram em sua vida prática. Mesmo sendo simpático, tem dificuldade para expor o que realmente sente. Para se sentir confortável, precisa ter bases sólidas e transformar sua casa em um lugar seguro.

Lua em Leão

Você é leal, caloroso e generoso. Dificilmente se envolve em algo, mas quando o faz mergulha de corpo e alma. É comum ser reconhecido e ter a simpatia de pessoas que ocupam altos cargos. Sua energia é forte e consegue animar todos à sua volta. É preciso tomar cuidado para não levar críticas para o lado pessoal.

Lua em Virgem

Você está sempre disposto a ajudar e não vê problema algum em doar seu tempo e seu trabalho a quem gosta, mas tem dificuldade em entender o sentimento alheio. Você é bastante crítico com as pessoas de sua intimidade, o que pode gerar certo desconforto. Seus sentimentos são práticos e suas atitudes, firmes.

Lua em Libra

Você é charmoso, delicado e compreensivo. Lida com as pessoas de forma sutil, sendo simpático e educado para se manter em paz com todo mundo. Muito sociável, é provável que você tenha vários amigos. É uma pessoa muito ligada ao prazer e à paquera e sabe como conquistar e manter relações.

Lua em Escorpião

Você é intenso: quando deseja algo, deseja com a alma. Existe uma força gigantesca em você para a execução de projetos, mas será preciso trabalhar sua impaciência. Como deseja ter domínio das situações, deve ficar atento para não se tornar uma pessoa ciumenta e vingativa.

Lua em Sagitário

Com sua personalidade aventureira, você se joga nas experiências que vive. É um verdadeiro viajante que não para e está sempre em busca de um novo estímulo. Como possui uma necessidade vital de liberdade, pode chegar a ser agressivo com quem queira mantê-lo preso. Você se interessa por trocar informações e sensações, mas tome cuidado para não ser socialmente ingênuo.

Lua em Capricórnio

Você é muito dedicado e esforça-se para conseguir o que quer. Pode não ser simpático, o que socialmente é desfavorável, mas, em contrapartida, busca ser uma pessoa poderosa e influente. A Lua em Capricórnio favorece a liderança por aflorar a capacidade administrativa e a frieza na demonstração de emoções. Busque atividades recreativas, pois levar a vida muito a sério pode deixá-lo solitário e melancólico.

Lua em Aquário

Você se envolve emocionalmente com a situação do planeta e dos seres humanos. Prefere o diferente e está sempre em busca de novas experiências e novos conhecimentos. Como a liberdade de pensamento é essencial em sua vida, é provável que se interesse por política e por outras questões sociais. Muito companheiro, você costuma ser bem-vindo por onde passa.

Lua em Peixes

Você é emocionalmente profundo e conectado ao todo. Lida com os outros de forma afetuosa e sutil, sempre disposto a ajudar, mas é preciso ter cuidado para não ignorar suas próprias necessidades. Além disso, você é sonhador, poético e artístico. É muito comum ser introspectivo e voltado para seu universo interior.

A Lua em cada casa

Lua na primeira casa

Com a Lua na primeira casa, você tende a demonstrar seus sentimentos e a reagir imediatamente às influências exteriores. Precisa ser reconhecido e se esforça para que isso aconteça, agradando a todos à sua volta, mas tome cuidado para não ser demasiadamente sensível, instável ou ansioso. As pessoas ao seu redor tendem a confiar em você rapidamente.

Lua na segunda casa

Sua segurança sentimental está intimamente ligada à sua segurança financeira. Com a Lua na segunda casa, você precisa ter uma vida financeira estabilizada para não entrar em desespero. Esse posicionamento favorece os negócios e as relações comerciais, mas você tem uma tendência ao exagero, seja na generosidade ou na avareza. Busque o equilíbrio.

Lua na terceira casa

Você é curioso e comunicativo e se interessa por vários assuntos. Também é um bom amigo e gosta de ensinar tudo o que aprende. Apesar de ser popular e aberto a novas pessoas, há muitos momentos em que prefere estar isolado, seja para ler ou ver filmes. O conhecimento é extremamente importante para você.

Lua na quarta casa

Você é sensível e muito reservado no que diz respeito aos seus sentimentos. Com a Lua na quarta casa, existe uma natureza de colecionador, o que indica que você cuida bem do que é seu e do que é dos outros. Muito apegado à família, você prefere uma vida caseira, mas tome cuidado para não se fechar demais em seu mundo e perder oportunidades.

Lua na quinta casa

Você é romântico e vive em uma busca pelo prazer. Muito expressivo e teatral no amor, quer viver grandes histórias. Com seu magnetismo, as pessoas são atraídas por você facilmente. Esse posicionamento revela ainda dons artísticos e habilidades de expressão. É provável que tudo venha com facilidade para você, pois é uma pessoa aberta e generosa, mas é preciso estar atento para não ser egocêntrico demais.

Lua na sexta casa

Você é muito atencioso e gosta de cuidar dos outros, sendo um bom amigo. É focado no trabalho e preocupa-se com sua estabilidade financeira. Como tende a ter interesses variados, pode mudar bastante de área profissional durante a vida. Tome cuidado com o nervosismo.

Lua na sétima casa

Com a Lua na sétima casa, você tende a ser muito gentil e querido por todos ao seu redor, que se sentem atraídos por você. É necessário que tome cuidado para não ser emocionalmente dependente dos outros, sentindo que precisa de companhia constante, pois essa carência pode mantê-lo em relacionamentos prejudiciais.

Lua na oitava casa

Você é profundo em seus sentimentos e busca segurança, tentando descobrir o que pode estar escondido nas intenções alheias. O amor e a sexualidade são pontos centrais em sua vida. Com a Lua na oitava casa, existem um interesse por assuntos ocultos e místicos e facilidade em administrar o dinheiro dos outros.

Lua na nona casa

Você tem interesse em entender o real sentido da vida e busca ser sábio em suas ações. Esse posicionamento revela pessoas abertas, sonhadoras e aventureiras, então é provável que você goste muito de viajar, podendo sentir uma necessidade vital de mudar de ambiente. Seus interesses são vastos, e você se dispõe a falar com todos os tipos de pessoa, sem discriminação.

Lua na décima casa

Você quer ser bem-sucedido e dá extrema importância à sua carreira e ao reconhecimento profissional, com facilidade para trabalhos em que se lida com o público. Você busca ser atraente, mas tende a se expor demais e a gostar de receber atenção, então precisa tomar cuidado para não se envolver em escândalos.

Lua na décima primeira casa

Você é bem-humorado, simpático e sociável. Sua imparcialidade em relação aos fatos faz com que os outros gostem de você, e, por sua vez, você dá muito valor aos amigos. Como é uma pessoa aberta, é preciso tomar mais cuidado com quem está ao seu redor, pois talvez queiram usá-lo. Seu pensamento é rápido, mas nem sempre prático. Essa posição da Lua é propícia para amizades femininas.

Lua na décima segunda casa

Como é muito sensível às energias de diferentes ambientes, capazes de alterar seu humor, você prefere viver em seu mundo e tem uma forte tendência a ser uma pessoa caseira. Na verdade, você precisa ficar sozinho para alcançar seu equilíbrio. Muito sonhador e dono de uma imaginação fértil, deve ter cuidado para não esquecer a realidade. Esse posicionamento revela pessoas que tendem a se sacrificar por quem amam.

☿

Mercúrio

O planeta Mercúrio representa as formas de aprendizado e de comunicação.

Mercúrio em cada signo

Mercúrio em Áries

Você é capaz de fazer uma palestra sem saber nada sobre o tema, pois possui uma maravilhosa capacidade de improvisação. Muito impulsivo na fala, pode também falar sem pensar e magoar os outros. Com Mercúrio em Áries, sua mente é rápida e você aprende com facilidade.

Mercúrio em Touro

Provavelmente sua última conversa foi sobre dinheiro. Com Mercúrio em Touro, você possui uma mente prática e precisa, o que pode ajudá-lo a lidar com negócios e administração. Você aprecia o dinheiro e os bens materiais e não esconde isso de ninguém. Leva algum tempo para assimilar novos conhecimentos, mas, quando organiza a informação em sua mente, nunca mais a esquece.

Mercúrio em Gêmeos

Você é um falador incansável, capaz de passar um dia inteiro palestrando sem perder a voz. Sua mente é ágil e conecta informações de forma imediata. Tende a ser um leitor assíduo e a ter excelente vocabulário, além da capacidade de colocar-se com imparcialidade em todos os lados de uma situação. Quando abre a boca, você é brilhante e deixa qualquer ouvinte impressionado.

Mercúrio em Câncer

Você pensa com a emoção e conecta-se imediatamente com os sentimentos alheios, buscando descobrir o que a outra pessoa sente a respeito dos acontecimentos. Em poucos minutos de conversa, você consegue entrar na alma e no coração do outro. Sendo mais ouvinte do que locutor, você conhece profundamente quem está à sua volta.

Mercúrio em Leão

Suas histórias dariam ótimos roteiros de cinema, pois você é dramático e pensa com o coração. Na fala, é firme, animado e motivador, e geralmente causa uma boa impressão. Com

Mercúrio em Leão, é preciso ter cuidado para que seus diálogos não sejam apenas sobre sua vida.

Mercúrio em Virgem

Você analisa, organiza e classifica tudo ao seu redor com seu pensamento crítico, analítico e prático. Você sabe usar o conhecimento a seu favor e comunica-se de forma lógica. Tende a ser erudito e possui maior interesse pelas áreas nas quais é necessário ser detalhista, como a literatura. A posição de Mercúrio em Virgem revela pessoas com facilidade para trabalhos científicos.

Mercúrio em Libra

Seu pensamento é racional, pesando e analisando todos os lados de uma situação para encontrar um equilíbrio. Você não gosta de discutir e tem pouca tolerância com pessoas grosseiras. É um ouvinte curioso e interessado na maneira de pensar dos demais e gosta de conversar sobre arte.

Mercúrio em Escorpião

Você desconfia de tudo, independentemente da pessoa ou situação, e raramente muda de opinião. Com Mercúrio em Escorpião, é dono de uma mente investigativa e detalhista, que se favorece de áreas em que é necessário grande concentração. É preciso ter cuidado para não ser paranoico nem achar que o mundo conspira contra você.

Mercúrio em Sagitário

Você tem interesse por inúmeros assuntos e tende a pensar de forma exagerada, característica de Sagitário. É considerado inteligente por sua força mental e divertido por se comunicar com alegria, mas precisa ter cuidado para não transformar suas conversas em monólogos.

Mercúrio em Capricórnio

Você possui facilidade de concentração e organização mental. Com Mercúrio em Capricórnio, tende a aprovar ideias tradicionais pela previsibilidade do resultado. Sua forma de pensar é cautelosa, metódica e detalhista. É comum que se ofenda com facilidade e tenda a querer expor demasiadamente sua própria capacidade intelectual, o que é cansativo para o ouvinte.

Mercúrio em Aquário

Você é observador e tem uma mente ativa e independente, capaz de pensar por conta própria sem ser influenciada por fatores externos. Padrões sociais preestabelecidos e aceitação social não o interessam. Você se comunica fluentemente, seja falando ou escrevendo, mas pode ser visto como extravagante e até mesmo excêntrico.

Mercúrio em Peixes

Você pensa de forma poética e intuitiva, sentindo o que o outro pensa sem que ele precise falar muito. Por outro lado, quando a comunicação é objetiva demais, você tem dificuldades para entendê-la. Você compreende o oculto, as entrelinhas, o sentimento que não está óbvio nas intenções. Muito sensível e romântico, você se magoa facilmente.

Mercúrio em cada casa

Mercúrio na primeira casa

Você está sempre pensando em formas de melhorar sua vida ou a si mesmo. Com Mercúrio na primeira casa, você é inteligente e pensa rápido. Muito curioso, adapta-se com facilidade a qualquer assunto ou situação. É preciso ter cuidado com a tendência a se meter em discussões que só o desgastarão. Também existe uma dificuldade em compreender os sentimentos alheios.

Mercúrio na segunda casa

Seu raciocínio é muito prático e valoriza o que trará benefícios. Há facilidade de foco e determinação nos estudos, com aptidão para áreas administrativas ou financeiras. Com Mercúrio na segunda casa, você pode ser um ótimo vendedor.

Mercúrio na terceira casa

Você pensa rápido, aprende facilmente qualquer conteúdo e consegue encontrar soluções rápidas e práticas para problemas complexos. A terceira casa é a melhor posição para Mercúrio, e é provável que as pessoas ao seu redor admirem sua inteligência. Você tende a ter boa oratória e ser bom escritor, com facilidade para o ensino, mas tenha cuidado com o nervosismo.

Mercúrio na quarta casa

Você é muito cuidadoso e tem ótima memória. Como se sente conectado ao passado e deseja entender a história de tudo que o rodeia, é possível que goste de colecionar objetos antigos. Você é ligado à família e caseiro. É provável que trabalhe em casa ou perto de casa e prefira diversões intimistas a lugares lotados.

Mercúrio na quinta casa

Você é um ótimo orador e é bastante criativo. É comum que as pessoas com Mercúrio na quinta casa apreciem as artes e pensem de forma romântica. Independentemente do assunto, você aprende com facilidade. Existe uma tendência sua a trabalhar com educação pelo amor à comunicação.

Mercúrio na sexta casa

Seu pensamento é eficiente e prático, com uma excelente capacidade de planejamento. Você tem um enorme interesse por higiene e organização. Também gosta de literatura e tende a ser um leitor assíduo. Mesmo que goste de se envolver com diversos trabalhos, policie-se para não pensar demais sobre esse assunto e ter momentos de relaxamento. Esse posicionamento revela bons administradores.

Mercúrio na sétima casa

Você é talentoso e sua comunicação é mais voltada para parcerias. É provável que ouça mais do que fale, pois se importa muito com as pessoas, mas tome cuidado para não viver somente para seus relacionamentos afetivos e busque ser seletivo em suas relações. A posição de Mercúrio na sétima casa revela pessoas com fortes tendências artísticas, pois são muito conectadas com a beleza.

Mercúrio na oitava casa

Você não sabe lidar com superficialidades. Para você, existe uma intenção oculta por trás de qualquer coisa, e você até se sente atraído por situações nas quais possa ter informações sigilosas, descobrindo rapidamente os segredos alheios. Esse posicionamento é ideal para quem lida com o mercado financeiro.

Mercúrio na nona casa

Sua visão é bastante abrangente. Você enxerga longe, muito além do óbvio, e dificilmente encontrará alguém que entenda seus pensamentos. Com Mercúrio na nona casa, você tende a duvidar de toda informação que recebe, o que favorece a intuição e o poder de observação. Pode ser que seja prolixo por sentir a necessidade de dar todas as informações ao seu interlocutor.

Mercúrio na décima casa

Você pensa muito em sua carreira e toma decisões rápidas e precisas. Com Mercúrio na décima casa, seu raciocínio é voltado para o sucesso. Você age com liderança e gosta muito de trabalhar. Sabe se comunicar e, com um pouco de estudo, pode ser um excelente orador. Tome cuidado para não dar muito espaço à ambição nem deixar seus valores de lado para ter sucesso a qualquer custo.

Mercúrio na décima primeira casa

Você é muito inteligente e aprende com facilidade. Esse posicionamento de Mercúrio revela pessoas idealistas, que acreditam que podem viver em um mundo melhor e dão grande valor à amizade. Você se interessa por grupos e gosta de ensinar o que sabe, por isso daria um ótimo professor. Tente ser mais prático, pois sua tendência é pensar demais.

Mercúrio na décima segunda casa

Você pensa com o coração e precisa estar conectado aos outros, sempre pensando em formas de ajudar. A posição de Mercúrio na décima segunda casa revela pessoas introspectivas e com uma forte tendência à insegurança, mas, como você se resguarda, dificilmente alguém a percebe. É bom ter cuidado para não acabar vivendo em um mundo de fantasias e abandonando a vida real.

♀

Vênus

O planeta Vênus representa os gostos e a forma de demonstrar sentimentos.

Vênus em cada signo

Vênus em Áries

Você não é conquistado, você conquista! Possui um espírito inquieto e aventureiro no amor e gosta de cortejar. Sincero, não gosta de se relacionar com pessoas que fazem joguinhos ou chantagens emocionais. Para você, um relacionamento serve para se sentir vivo, o que torna a fase da conquista muito interessante, mas tenha cuidado para não desistir do relacionamento ao primeiro problema.

Vênus em Touro

Você é fiel e gosta de estabilidade em seus relacionamentos, precisando que o parceiro transmita confiança. Para você, o amor é calmo e prazeroso. Quando a relação está vulnerável, você fica perdido. Com Vênus em Touro, é natural que aprecie comer. Você é uma pessoa charmosa, porém seu charme é passivo: você não ataca, mas sim atrai para ser atacado.

Vênus em Gêmeos

Você é bastante confuso em seus relacionamentos e pode ter dificuldade em saber o que realmente quer, parecendo frio ou até mesmo indiferente à relação. Você busca estar conectado mentalmente com quem se relaciona, por isso pessoas inteligentes o atraem. Mesmo necessitando de liberdade, você está sempre aberto a experiências novas no amor.

Vênus em Câncer

Para você, um relacionamento envolve muita intimidade, por isso dificilmente seus sentimentos virão à tona imediatamente. No amor, você é simpático, generoso e cuidadoso, mas precisa sentir confiança no outro para se soltar. Você prefere pessoas que se preocupam com segurança financeira e curte relacionamentos estáveis e duradouros.

Vênus em Leão

Você é bem teatral no amor, vivendo uma verdadeira novela mexicana em seus romances mirabolantes. Você se sente romântico, mas nem sempre expõe esse lado. Geralmente seu orgulho é mais visível em você, pois não dá o braço a torcer. Você é elegante e não esconde o valor que dá à aparência. No amor, busca ser adorado e viver um grande romance.

Vênus em Virgem

Com Vênus em Virgem, o amor não é a área em que você se sente mais confortável, já que é retraído e tímido e tem dificuldade em demonstrar suas emoções e até medo de senti-las. Por outro lado, quando gosta de alguém é cuidadoso e preocupa-se bastante com a pessoa. Tente se soltar mais, pois assim você será mais feliz.

Vênus em Libra

Você se preocupa muito com seus relacionamentos, seja com o parceiro, com amigos ou com familiares. Quer agradar a todos e consegue, buscando harmonia em todas as áreas da vida, pois o caos o incomoda profundamente. A beleza e o conforto são importantes em sua vida, mas o amor é fundamental. Você não costuma guardar mágoa ou rancor.

Vênus em Escorpião

Você é ciumento e possessivo em seus relacionamentos. É comum desconfiar de tudo e fantasiar situações inexistentes, por isso é importante observar os sentimentos dos outros. Seus sentimentos são intensos, e, como tem grande dificuldade em aceitar uma rejeição, pode transformá-la em ódio.

Vênus em Sagitário

Você adora se aventurar no amor: se for divertido, está valendo. É um idealista no que diz respeito aos sentimentos. É comum ter vários amigos e demonstrar seus sentimentos com facilidade. Você ama a liberdade e precisa amar livremente. O relacionamento não pode interferir nas suas escolhas pessoais.

Vênus em Capricórnio

Você é sensível e, por isso, busca relacionamentos que tragam segurança emocional. É cuidadoso com quem ama, mas fique atento para que o medo que sente de uma possível rejeição não se torne a base de seu relacionamento. É preciso cultivar o amor-próprio, pois muito de sua busca material está vinculado à falta de segurança no seu próprio valor.

Vênus em Aquário

Você curte o amor sem saber exatamente para onde está indo, mas é sempre positivo no que diz respeito a relacionamentos. Novas formas de lidar com o amor e com o sexo o atraem. Você se apaixona e se desapaixona do nada, mas é uma pessoa companheira e calma no relacionamento. Para você, o amor conjugal é uma amizade colorida.

Vênus em Peixes

Você é sonhador no amor. Seus olhos mudam quando está apaixonado e sente aquela coisa diferente que deixa seu mundo cheio de cores. Como é muito sensível, cria relações emocionais profundas e pode depender emocionalmente de outras pessoas. Você respira arte, é criativo e inspira quem está ao seu redor.

Vênus em cada casa

Vênus na primeira casa

Esse posicionamento revela pessoas muito charmosas, elegantes e com bom gosto. A beleza é a primeira impressão que deixam. É comum a quem possui esse posicionamento ter sorte na vida, pois, sendo pessoas simpáticas e bonitas, são facilmente apreciadas. Você tem preferência por lugares harmoniosos e só precisa ter cuidado para não ser egoísta.

Vênus na segunda casa

Você se sente atraído por pessoas que esbanjam beleza e bom gosto e só se sente confortável em lugares bonitos e bem-iluminados. Para você, a vida precisa ter um toque de arte e glamour. Por sua vez, você encanta facilmente a todos e sabe usar isso a seu favor. Tenha cuidado para que seus gastos não sejam maiores que seus ganhos.

Vênus na terceira casa

Você tem facilidade para fazer amigos, e seus relacionamentos costumam ser harmoniosos. Com Vênus na terceira casa, você dá muito valor à amizade. Tende a se expressar bem, gosta de conhecer pessoas e aprecia o conhecimento. Áreas nas quais possa expor sua criatividade chamam sua atenção, como a literatura e a arte. Tome cuidado para não ser desapegado ou desleixado demais com seus relacionamentos.

Vênus na quarta casa

Você é amoroso e voltado para a intimidade e a vida caseira. É possível que goste de jardinagem e de objetos de decoração. Com esse posicionamento de Mercúrio, você busca uma vida calma, organizada e rodeada por pessoas queridas. Nos aspectos negativos, é preciso tomar cuidado para não querer que tudo seja feito do seu jeito.

Vênus na quinta casa

Você tende a ter bons relacionamentos, pois aprecia as pessoas e proporciona ótimos momentos àqueles com quem convive. A posição de Vênus na quinta casa revela pessoas românticas, leais, artísticas e sensuais. Você gosta de aproveitar a vida e é provável que chame a atenção de muitas pessoas ao seu redor. Fique atento para não ser orgulhoso demais.

Vênus na sexta casa

Você está disposto a se doar por aqueles que ama e trata bem todas as pessoas. O posicionamento de Vênus sugere uma preocupação com a aparência e bom gosto estético. Com

Vênus nessa casa, é provável que trabalhe com arte e que se interesse por pessoas de seu trabalho.

Vênus na sétima casa

Você é amoroso, tem facilidade em ceder e busca relações harmônicas, por isso consegue conquistar a todos facilmente. Tende a ser feliz em suas parcerias, em especial no casamento. É preciso tomar cuidado com a tendência a ser muito dependente dos outros.

Vênus na oitava casa

Você costuma ter bons relacionamentos e uma vida sexual bem resolvida, pois lida bem com relações afetivas e busca bastante intimidade. Além disso, gosta de estar ciente de seus sentimentos e dos sentimentos de seu parceiro. Muitas pessoas se sentem sexualmente atraídas por você. A posição de Vênus também sugere interesse por grandes negócios. Você tende a ter uma vida longa e tranquila.

Vênus na nona casa

Para você, o amor é uma aventura. Você costuma ser gentil com as pessoas e tem interesse por culturas diferentes, arte e filosofia. Tende a ser estudioso e busca o conhecimento. É provável que viaje bastante durante a vida. Você também é expressivo e procura relacionar-se com quem possui interesse por sabedoria.

Vênus na décima casa

Você é atraente e ambicioso e tende a ser popular. Gosta de intimidade e dedica-se aos seus relacionamentos, mas esse não costuma ser seu foco. Na verdade, você pode ter uma relação de amor com sua carreira. É provável que tenha a ajuda de pessoas próximas para chegar ao sucesso. Esse posicionamento revela pessoas que costumam ter sorte, pois estão abertas a receber ajuda.

Vênus na décima primeira casa

Você é aberto às pessoas e gosta de viver em grupo. Em geral, tem muitos amigos do sexo oposto e tende a sentir-se sexualmente atraído por eles. Você é idealista e criativo e possui vários dons artísticos. Deve trabalhar em empresas nas quais possa ter contato com muitas pessoas que tenham os mesmos ideais que você e buscar ser mais seletivo.

Vênus na décima segunda casa

Você é reservado no que diz respeito a seus relacionamentos. Muito sonhador, pode ter vários romances secretos. Essa posição de Vênus revela pessoas simpáticas, atenciosas e sensíveis, que podem se magoar facilmente. Existe uma busca interior pelo real significado das coisas. Você é profundo e bondoso, mas tome cuidado para não ser demasiadamente tímido.

♂

Marte

O planeta Marte representa as atitudes e a sexualidade.

Marte em cada signo

Marte em Áries

Você é uma pessoa de atitude e cheia de energia. Consegue contagiar todos ao seu redor, tendo facilidade para liderar os outros. Muito viril, o sexo é extremamente necessário em sua vida. Mesmo com toda a sua ambição, só chegará aonde quer quando conseguir direcionar sua energia para seus objetivos reais. Tome cuidado para não perder tempo com brigas.

Marte em Touro

Você leva a vida com praticidade, calma e constância. Como sabe o valor do dinheiro, é muito cauteloso em seus gastos. Esse posicionamento de Marte traz muita força; com sua resistência, conseguirá tudo que quer. As pessoas próximas confiam em você por seu temperamento previsível. Você tende a ser sexualmente compulsivo e bastante sensual.

Marte em Gêmeos

Você não para! Está sempre andando de um lado para o outro e gesticulando, por isso é comum os outros notarem sua inquietação. Esse posicionamento de Marte o deixa ainda mais alerta, o que dificulta sua concentração. Você gosta de estar no meio de pessoas e debater sempre que tem uma oportunidade.

Marte em Câncer

Você é muito sensível e absorve a energia dos ambientes em que se encontra, o que geralmente interfere em sua vida pessoal. Por sua sensibilidade, a presença das pessoas com as quais possui ligação emocional é essencial. Você é cuidadoso com suas coisas e com as coisas dos outros, mas, pelo desejo de cuidar, pode ter problemas de acumulação. Sexualmente, você prefere se reservar para um único parceiro.

Marte em Leão

Você está sempre pronto para se divertir. Por ser generoso, simpático e autoconfiante, está sempre rodeado de pessoas. Com Marte em Leão é preciso, ter cuidado para não ser dominador nem rancoroso. No amor, você é caloroso e sexualmente magnético. As pessoas de seu círculo social se sentem atraídas por você com facilidade.

Marte em Virgem

Você precisa se sentir útil, o que pode gerar uma compulsão pelo trabalho. Com Marte em Virgem, consegue lidar com tarefas que exigem cuidados especiais e meticulosidade. Sua forma de agir é lógica, mas pode ser vista como fria. Socialmente, você é discreto e não suporta exibições. Está sempre disposto a ajudar quem precisa de ajuda.

Marte em Libra

Você é pacífico e dificilmente discute com alguém. Com sua forma sutil de agir, acaba conseguindo o que quer. Você gosta de cooperar em atividades, por isso tem facilidade para trabalhar em grupo. Tem dificuldade de ficar sozinho, o que pode deixar sua vida desorganizada. Para você, o sexo tem de ser acompanhado de bom gosto, boa música e ambiente estimulante.

Marte em Escorpião

Você é estratégico e planeja suas ações. É uma pessoa forte, eficiente e leal, mas também exige lealdade. Faz o que se propôs a fazer independentemente das situações externas. Sexualmente, você é incansável e poderia passar dias transando até morrer. É firme em suas opiniões e tem dificuldade para compreender pensamentos flexíveis. Tome cuidado para não ser muito ciumento.

Marte em Sagitário

Para seu espírito de filósofo, ensinamentos de sabedoria são muito atraentes. Sua energia é contagiante, mas, como o signo de Sagitário tende ao exagero, é possível que gaste toda a sua energia de uma vez e fique esgotado. Você gosta de se envolver em causas sociais e viajar. Muito animado e sociável, está sempre jogando charme para todos ao seu redor.

Marte em Capricórnio

Você precisa ter um objetivo na vida: sem um plano definido, você prefere nem agir. Com Marte em Capricórnio, suas atitudes são lógicas e precisas. Você é determinado e prático, o que costuma atrair a admiração dos outros. Como trabalha arduamente para conseguir o que quer, sempre conseguirá chegar lá.

Marte em Aquário

Você vê a vida de forma diferente. Muitos padrões estabelecidos simplesmente não fazem sentido para você e seus gostos podem ser exóticos, o que assusta à primeira vista. Tem facilidade para lidar com grupos. Na sexualidade, você está sempre pronto para novas experiências.

Marte em Peixes

Você costuma ser simpático e receptivo com as pessoas, o que pode dar abertura para aproveitadores. Para sua segurança, é necessário que trabalhe sua autoconfiança. Você costuma ser tímido e não gosta de brigas e discussões. Precisa estar em um ambiente pacífico, dada sua tendência de absorver as energias dos lugares. Tome cuidado para não tentar se refugiar em vícios.

Marte em cada casa

Marte na primeira casa

Você é cheio de energia e consegue mover muitas pessoas. A posição de Marte na primeira casa revela pessoas autoconfiantes e com grande capacidade de realização e liderança, mas é preciso controlar a arrogância e a impaciência e direcionar sua força para um objetivo.

Marte na segunda casa

Você é cuidadoso e aprecia a estabilidade, mantendo uma postura firme e constante diante da vida. Em consequência, é bom em atividades em que é preciso ter persistência. Tem tendência a querer dinheiro de forma fácil, então tome cuidado para não se meter em atividades fraudulentas. Você é protetor com quem ama, e os outros confiam facilmente em você.

Marte na terceira casa

Você é curioso e não mede esforços para descobrir tudo que deseja saber. Pensa rápido, tem muitas ideias e está sempre pronto para argumentar, mas pode ser disperso e sem foco. Esse posicionamento revela pessoas flexíveis, que conseguem agir com sabedoria diante das mais diversas situações. Você é verbalmente agressivo e tende a ter uma excelente oratória, mas tenha cuidado para não ser demasiadamente impaciente.

Marte na quarta casa

A posição de Marte na quarta casa revela pessoas muito reservadas, que não costumam se sentir confortáveis em ambientes com os quais não possuem familiaridade. Você precisa se sentir seguro e pode ter problemas de timidez. É provável que você tenha recebido numerosas repreensões durante a infância. Você é protetor com quem ama e funciona melhor na intimidade.

Marte na quinta casa

Muito esforçado e competitivo, você busca ser o melhor, seja em esportes ou no trabalho, e quer que todos ao seu redor reconheçam seu valor. Gosta de crianças e seria um ótimo professor. Esse posicionamento revela pessoas sensuais, impulsivas e expansivas.

Marte na sexta casa

Você é responsável, confiável e muito dedicado às suas atividades. É também exigente no que diz respeito a trabalho e tende a ser muito perfeccionista nas áreas de seu interesse, o que pode ser desgastante para quem trabalha com você. Com esse posicionamento, deve tomar cuidado com a saúde, pois você tende a ser fisicamente frágil.

Marte na sétima casa

A posição de Marte na sétima casa sugere uma atitude bastante contraditória. Ao mesmo tempo que quer se impor em suas relações, você busca ter a aprovação de todos. Existe uma tendência a não se esforçar para alcançar seus objetivos, e é preciso ter cuidado com parcerias e sociedades, pois você pode não ser muito seletivo com pessoas de sua intimidade.

Marte na oitava casa

Você é muito discreto e sabe como agir em situações não convencionais. Lida bem com segredos e com a morte, podendo até sentir atração pelo tema. O poder e os extremos o atraem. A sexualidade é muito importante na sua vida, mas deve ter cuidado para não se tornar uma obsessão. Esse posicionamento revela pessoas que mudam drasticamente sua vida para chegar aonde querem.

Marte na nona casa

Aventureiro, inquieto, animado, curioso e estudioso. Você aprende qualquer assunto facilmente, podendo até ser autodidata, e se interessa por viagens. A posição de Marte na nona casa revela pessoas voltadas para assuntos religiosos e filosóficos, que buscam ser sábias nas suas atitudes. Nos aspectos negativos, você pode ser descompromissado e volúvel quanto a seus objetivos.

Marte na décima casa

Você é persistente e esforçado e busca o sucesso, sempre preocupado com sua reputação. Está disposto a trabalhar incansavelmente para chegar aonde deseja. Como possui grande poder de persuasão por causa da sua postura firme e conquista a confiança dos outros com facilidade, o ideal é atuar em cargos de liderança. Tente relaxar e não acumular tanto estresse.

Marte na décima primeira casa

Você é enérgico e gosta de envolver-se em causas sociais. Quando possui um objetivo, é bastante determinado. Por sua sociabilidade e capacidade de liderança, é comum que as pessoas o considerem interessante. Nos aspectos negativos, pode ser rebelde e querer manter uma postura contrária. Além disso, precisa desenvolver sensibilidade para perceber as necessidades dos outros.

Marte na décima segunda casa

A posição de Marte na décima segunda casa revela pessoas que buscam trabalhos nos quais possam ajudar ativamente os outros, em especial as pessoas desfavorecidas. Essa é a casa do oculto, então você pode se interessar por áreas em que o sigilo seja regra. Você é muito intuitivo, mas precisa ter cuidado para não guardar mágoas ou ter comportamentos autodestrutivos, como o uso de drogas.

♃

Júpiter

O planeta Júpiter representa a forma como se lida com as questões externas.

Júpiter em cada signo

Júpiter em Áries

Você é competitivo e ambicioso. Muito impulsivo e desejoso de agir livremente, precisa tomar cuidado para não prejudicar sua imagem, pois nada pode ser feito sem ajuda. Existe uma grande capacidade de inovação, mas só será possível manifestá-la quando você deixar seus objetivos egoístas de lado e pensar nos outros.

Júpiter em Touro

Com Júpiter em Touro, você é instintivo em se tratando de finanças e negociações. Seu comportamento estável transmite segurança aos outros, o que favorece parcerias duradouras. Você gosta de lugares refinados e quer viver luxuosamente. É preciso ter cuidado com a tendência ao comodismo.

Júpiter em Gêmeos

Você busca entender todos os aspectos da vida e conversa com pessoas de diversos universos com a maior tranquilidade. Costuma ser alegre, ter muitos amigos e animar os grupos dos quais participa. É necessário ter cuidado com a instabilidade e buscar manter o foco em suas atividades.

Júpiter em Câncer

Você se posiciona de forma calma e precisa nas relações interpessoais, mostrando cuidado, seriedade e facilidade em compreender os outros. Em virtude dessas qualidades, as pessoas costumam confiar em você. Seu círculo de amizades é amplo e confiável, o que favorece as relações comerciais. Tome cuidado para não levar tudo para o lado sentimental.

Júpiter em Leão

Você é sociável e popular: os amigos de seus amigos sabem quem você é, mesmo que você nem os conheça. Com Júpiter em Leão, você é muito ambicioso e quer se destacar. É comum que quem possui esse posicionamento tenha vários talentos artísticos. É preciso ter cuidado com a arrogância, pois o ego é seu único inimigo.

Júpiter em Virgem

Você é aquele amigo sempre disposto a ajudar. Como é bastante paciente com os outros, tem facilidade em ensinar. Esse posicionamento de Júpiter pode fazer de você uma pessoa reservada quanto à sua vida. Tem poucos, mas bons amigos. Sente-se atraído por atividades nas quais possa ser prático e gosta de estar em lugares limpos e organizados.

Júpiter em Libra

Você costuma ser percebido como uma pessoa elegante e gentil. Nas relações interpessoais, sente prazer em estar com pessoas cultas e bem-vestidas. O bom gosto estético é essencial em sua vida. Por isso, apesar de caseiro e pacífico, não dispensa um convite para ir a um ambiente refinado. Você faz questão de estar com pessoas que considera justas.

Júpiter em Escorpião

Você encara a vida e as relações interpessoais de forma intensa. É corajoso e tende a ser fiel aos seus aliados. Interessa-se por áreas nas quais possa saber algo que ninguém mais sabe, sejam ligadas ao misticismo ou a segredos do mundo dos negócios. Tem desejo de estar acima de todos ao seu redor, então tome cuidado para que isso não se torne seu objetivo de vida.

Júpiter em Sagitário

Você tem aptidão para se comunicar e, como é simpático, consegue facilmente abraçar as oportunidades ao seu redor. Gosta de estar em constante liberdade, o que gera certa insubordinação, mas é uma pessoa tranquila, que se esforça para chegar a seus objetivos. Com Júpiter em Sagitário, você costuma ter bastante sorte nas áreas interpessoais.

Júpiter em Capricórnio

Você busca ser correto e trabalhar duro para chegar aos objetivos materiais que almeja. É provável que trabalhe em uma empresa grande e, logo que se sinta seguro, monte seu próprio negócio. Tende a ter poucos amigos e ser altamente reservado e não suporta desperdício nem ostentação. Tome cuidado para não ser muito fechado a oportunidades.

Júpiter em Aquário

Rotina não é com você. Com sua mente aberta, você é muito original e inteligente e tem necessidade de ser socialmente útil. Você sabe lidar com todas as pessoas, indistintamente, mas tem preferência por pessoas engajadas em causas sociais. Tome cuidado para não ser apenas uma pessoa revoltada e concentre seu ímpeto em um objetivo real.

Júpiter em Peixes

Você é simpático e amistoso e consegue se relacionar com qualquer pessoa de forma fluente. Existem uma busca espiritual e uma necessidade de estar conectado à vida. Humilde, você está sempre disposto a ajudar os outros. Sua natureza é leve e você é facilmente apreciado, com a tendência a ser popular. A sutileza é sua marca.

Júpiter em cada casa

Júpiter na primeira casa

Com Júpiter na primeira casa, você é otimista e gentil com todos. Tende a ter sorte porque está sempre aberto às oportunidades. Você adora se divertir e viajar, mas deve tomar cuidado para não viver apenas para esse fim. É provável que tenha um estilo chamativo e moderno, e é lembrado como alguém alegre e divertido.

Júpiter na segunda casa

Você vê oportunidades financeiras em tudo e a todo momento e acredita que tudo sempre dará certo. Com Júpiter na segunda casa, você prefere iniciar seus projetos de forma segura, com baixos riscos, e busca trabalhar em áreas nas quais tenha a oportunidade de viajar. Esse posicionamento é bom para os negócios e revela grandes empresários e escritores bem-sucedidos. Cuidado para não gastar mais do que ganha.

Júpiter na terceira casa

Você tem boas relações e é visto como uma pessoa inteligente e espontânea. Esse posicionamento de Júpiter é muito bom para as relações interpessoais, e, além disso, você costuma ser gentil e simpático em todos os ambientes que frequenta, compreendendo as particularidades de cada lugar. O ideal é ter um trabalho agitado que o mantenha em contato com vários tipos de pessoas.

Júpiter na quarta casa

Você é generoso, tranquilo e agradável. Tende a ter uma boa relação com sua família e gosta de morar em lugares espaçosos. A posição de Júpiter na quarta casa revela pessoas com ótimas relações e parcerias, que você estabelece com lealdade e segurança. Por isso, é provável que todas as pessoas que você conheça estejam dispostas a ajudá-lo. Você gosta de intimidade e é íntimo de muita gente.

Júpiter na quinta casa

Você tem tudo para ser bem-sucedido, pois a posição de Júpiter revela pessoas que conseguem tudo com facilidade. Você aprecia ser visto e é desinibido, o que favorece as artes dramáticas. Gosta de crianças e tende a ter relações boas e duradouras. É criativo e magnético, por isso as pessoas se sentem atraídas por você. Tenha cuidado para não ser muito exibicionista.

Júpiter na sexta casa

Quando alguém pensar em sua área de atuação, vai lembrar-se de você, pois Júpiter na sexta casa revela pessoas bem-sucedidas em suas atividades. A base de suas relações interpessoais é o trabalho. Você é um organizador, por isso todos precisam de você. É solícito, sempre ajudando a quem precisa, e sabe fazer seus conhecimentos renderem dinheiro.

Júpiter na sétima casa

Você é otimista quanto às suas relações. É confiável, transmite confiança e atrai as pessoas, que o veem com bons olhos. Esse posicionamento favorece as relações afetivas, pois você está disposto a dar amor. Além disso, parece ser feliz e costuma ser gentil e delicado com todos, demonstrando o quanto aprecia a presença de seus parceiros.

Júpiter na oitava casa

Você tem facilidade em lidar com o dinheiro dos outros. Gosta de luxo, mas é discreto, aliás, é conhecido pela discrição em relação à sua vida pessoal. Tende a ter uma vida sexual abundante, mas aprecia muito a intimidade e um círculo social reduzido. Você é curioso e tem o dom de descobrir todos os segredos de quem está ao seu redor.

Júpiter na nona casa

Você é inteligente e tem a necessidade de conviver com pessoas de culturas diferentes. É tolerante e fascinado por conhecimento. Gosta de viagens e se daria bem vivendo em outros países. Essa posição de Júpiter revela lealdade e sinceridade, valores que as pessoas costumam perceber em você e, por isso, e o admiram. É preciso ter cuidado para não ser um intelectual esnobe. Tente não cultivar a arrogância.

Júpiter na décima casa

Você é autoconfiante, expressa-se bem e tem objetivos claros. Esse posicionamento sugere líderes magnéticos, que conseguem fazer com que multidões comprem suas ideias. Você também consegue ser imparcial em seus julgamentos sem grandes esforços, mas tende a dar muito valor às coisas materiais. Busque ter momentos de lazer.

Júpiter na décima primeira casa

Você tem muitos contatos, o que pode facilitar sua vida, e é um amigo generoso. Muito sociável, gosta de participar de projetos inovadores e de tudo que o conecte a outras pessoas. A posição de Júpiter revela pessoas ideais para trabalhar em ambientes nos quais exista contato com um grande público, mas é preciso ter cuidado com "amigos" que só querem se aproveitar de sua popularidade.

Júpiter na décima segunda casa

Você é uma pessoa boa, sempre pronta a ajudar todos os que precisam de você, mas, na verdade, sente necessidade de que os outros precisem de você. Esse posicionamento favorece trabalhos nos quais possa lidar diretamente com a dor do outro, pois você é um ótimo cuidador. Por esse comportamento, todos gostam de você e o ajudarão quando precisar.

♄

Saturno

O planeta Saturno representa nossos medos e dificuldades.

Saturno em cada signo

Saturno em Áries

Você tem dificuldade em analisar sua postura em grupo. Como se sente inseguro, quer se impor de qualquer maneira, indicando um descontrole em suas ações. Com Saturno em Áries, você precisa ter disciplina e cultivar a persistência, pois, se não o fizer, seus objetivos nunca se concretizarão. Um líder se doa pelos outros, e o egoísmo não vai levá-lo a nada.

Saturno em Touro

Sua satisfação é ter seu dia a dia em ordem, o que pode ser um grande desafio. Você precisa aprender a se sentir seguro nas áreas financeira e emocional, equilibrando a tendência a ser realista demais e trabalhar incansavelmente. Mantendo-se nos extremos, você pode ser muito avarento e fechar-se às oportunidades.

Saturno em Gêmeos

Você tem dificuldade em se mostrar, pois Saturno tira a espontaneidade do signo de Gêmeos e lhe dá mais responsabilidade e concentração. É importante ter cuidado para não ser apenas racional nem muito crítico e desconfiado. Você tem facilidade de adaptação e pensamento lógico. Esse é um ótimo posicionamento para trabalhos intelectuais, pois, além de ser uma pessoa criativa, você possui um alto nível de organização.

Saturno em Câncer

Você esconde suas emoções, mas provavelmente se magoa facilmente e chora escondido. Tende a ser uma pessoa melancólica e protetora, que sente que faltou amor em sua infância. Tudo que você quer é o amor das pessoas. Tome cuidado para não se isolar, pois isso só aumentará a sensação de solidão. Seja mais compreensivo com os outros.

Saturno em Leão

Você busca ser reconhecido, mas precisa ter cuidado para não querer isso a qualquer custo. Com Saturno em Leão, você é um líder responsável e exigente consigo mesmo, com uma tendência ao estresse por causa da busca pelo *status*.

Tende a ser negligente com seus relacionamentos, sejam eles afetivos ou familiares. Procure cuidar de sua saúde mental por meio de atividades voltadas ao lazer.

Saturno em Virgem

Você está sempre de olho nos detalhes. Muito cuidadoso e prático, está sempre em busca de ser eficiente. A verdade é que você tem medo de não ser útil, de não se ajustar à vida. Tome cuidado para que a busca pela perfeição não se torne algo obsessivo. Caso você não trabalhe os aspectos desfavoráveis de Saturno em Virgem, pode tornar-se rabugento e muito apegado aos detalhes.

Saturno em Libra

Você possui uma dificuldade profunda em estabelecer relações afetivas, mas busca ser agradável e ter uma vida moderada. Existe uma busca interior por justiça, o que pode lhe despertar um interesse por profissões relacionadas ao direito. Você é uma pessoa cooperativa e não gosta de competições, mas ainda assim é preciso cultivar a sensibilidade e a paciência ao lidar com outras pessoas.

Saturno em Escorpião

Seu maior medo é ser dependente dos outros. Por esse motivo, tenta ser uma pessoa forte, luta para chegar aonde quer e possui bastante determinação. Esse posicionamento revela pessoas muito exigentes consigo mesmas e com os outros, sendo preciso cultivar a tolerância. Você busca o sucesso financeiro, mas Saturno cobra responsabilidade na área de atuação, então buscar o sucesso a qualquer custo pode levá-lo a uma humilhação pública.

Saturno em Sagitário

Você sente uma enorme necessidade de estar conectado ao todo, levando a sério a religião e a filosofia. Saturno em Sagitário é um bom posicionamento para a área acadêmica, pois seu valor interior está relacionado ao seu nível de conhecimento. Além disso, você tem uma grande capacidade intelectual e está sempre em busca da verdade. É preciso ter cuidado para não ser um intelectual esnobe.

Saturno em Capricórnio

Com Saturno em Capricórnio, existe bastante determinação para chegar aonde se quer, e você quer chegar a uma posição muito alta, pois tem verdadeiro medo do fracasso. Na verdade, você deseja ser uma referência em sua área de atuação e ter seu nome citado pelos veículos de mídia. Você acredita que todos podem chegar aonde querem e age com praticidade e frieza. Tome cuidado com seu ego e sua arrogância.

Saturno em Aquário

Você precisa cultivar a gratidão ou será sempre um solitário. Com essa posição de Saturno, existe uma falta de tato para lidar com a intimidade. Você costuma ser frio e distante, mas, por outro lado, é uma pessoa inteligente, que busca a imparcialidade. Tem grande poder de originalidade e concentração. Tende a não ser flexível em relação aos outros e a só fazer o que lhe agrada, então tome cuidado para não ser uma pessoa egoísta.

Saturno em Peixes

Você tem dificuldade em se observar e sempre se subestima. Porém, consegue observar bem a todos, vendo suas potencialidades positivas e negativas. O posicionamento de Saturno em Peixes revela pessoas emocionalmente desenvolvidas, mas receosas em deixar o passado de lado. Temendo errar novamente, você mergulha na sua imaginação, e isso é perigoso. Abra os olhos para seu real valor.

Saturno em cada casa

Saturno na primeira casa

Você se cobra muito. É sério e foi tímido na infância. Com Saturno na primeira casa, existe uma restrição com sua imagem e você se sente inseguro quanto às suas capacidades sociais. É comum que ache que os outros não o apreciam, mas as pessoas têm medo de se aproximar de você porque é reservado demais. Tome cuidado para não ser um solitário.

Saturno na segunda casa

Você gosta muito de poupar seus recursos e é provável que sua vida não tenha sido muito fácil. A posição de Saturno na segunda casa revela uma dificuldade em dividir. Você busca chegar ao sucesso, mas tem medo e, por isso, caminha lentamente. É provável que tudo que consiga seja com muito esforço. Tente ganhar mais e desapegar-se, pois isso trará mais prosperidade.

Saturno na terceira casa

Você leva suas amizades a sério. É comum a quem tem esse posicionamento ter tido problemas na infância com irmãos e colegas ou até mesmo uma infância solitária. Você é realista e responsável com seus estudos e busca se aprofundar nos conhecimentos, mas deve ter cuidado para não ser obcecado por uma coisa só.

Saturno na quarta casa

Você dá extrema importância às suas origens e provavelmente teve muitas responsabilidades desde cedo em sua família. Lidar com seus sentimentos não é fácil para você, que se sente diferente das pessoas com as quais conviveu na infância. Você precisa se desapegar. É comum que tenha dificuldade em sair da casa dos pais, mas a independência trará mais felicidade.

Saturno na quinta casa

Descontrair pode parecer um pesadelo para você. Com Saturno na quinta casa, existe uma grande dificuldade em se soltar. Você tende a ser inibido e a ter dificuldade de lidar com rejeições. É preciso tomar cuidado para não se fechar ao mundo por ter tido experiências frustrantes. Tente se entregar ao amor e às atividades, pois só a entrega verdadeira vai remover esse peso.

Saturno na sexta casa

Você se preocupa muito com seu trabalho e tende a viver pela sua atividade profissional. Por esse motivo, destaca-se rapidamente. Você é cuidadoso e exigente consigo mesmo e com quem trabalha com você. Pode sofrer de estresse e ter uma saúde frágil, por isso busque relaxar e cuidar mais de si. Afinal, é preciso estar saudável para cumprir suas responsabilidades.

Saturno na sétima casa

É comum a quem possui Saturno na sétima casa dar extrema ou nenhuma importância a relacionamentos afetivos, chegando a receá-los. Para se entregar afetivamente, você precisa conhecer bem seu par. É provável que tenha medo de demonstrar seus sentimentos e ser rejeitado. Reflita sobre suas intenções ao buscar uma parceria.

Saturno na oitava casa

Você precisa trabalhar duro para ganhar dinheiro. Por esse motivo, tende a ser conservador com seus investimentos, agindo com responsabilidade. Você se interessa pelo funcionamento da mente humana e por outros assuntos ocultos. A sexualidade é importante para você, mas é uma área na qual não se sente muito confortável, podendo iniciar sua vida sexual tardiamente.

Saturno na nona casa

Você tende a ser um estudioso e a preocupar-se bastante com seu conhecimento, buscando ser prudente e lógico em seus argumentos. Talvez seja um bom professor ou um cientista. Você pensa de forma própria, mas pode se identificar com uma filosofia ou religião e tornar-se fanático. Busque se abrir mais a outras visões, pois tem dificuldade em lidar com novas ideias. Quanto a viagens, pode haver uma dificuldade em morar fora do país ou uma instabilidade quanto ao lugar onde vive, podendo mudar-se sem parar.

Saturno na décima casa

Você se sente responsável por tudo e tende a ser muito protetor com sua família. É uma pessoa organizada e ciente de suas capacidades, sendo autoconfiante quanto à conquista de seus objetivos. Você também é ambicioso e determinado, chegando a ter tendências ditatoriais. Tome cuidado para não ser demasiadamente exigente consigo e com os outros.

Saturno na décima primeira casa

Você se sente responsável por seus amigos e está sempre disposto a se doar, mas tem grande dificuldade em receber afeto, pois não se sente merecedor. Para compensar essa insegurança, você ocupa todo o seu tempo com vários projetos. Busca ser respeitado e trabalha duro para ganhar esse respeito. É leal a quem ama. Busque compreender seu real valor.

Saturno na décima segunda casa

Você aprecia a solidão. Para sua criatividade aflorar, você precisa estar isolado. É muito reservado e não gosta de expor seus problemas a ninguém. Esse posicionamento revela pessoas muito desconfiadas e com atitude pessimista. Para fugir da realidade, você inventa um mundo perfeito ao qual só você tem acesso. Busque se abrir com as pessoas e ter mais confiança em suas próprias capacidades.

⛢

Urano

O planeta Urano representa o que você revoluciona em sua vida e na sociedade.

Urano em cada signo

Urano em Áries

Você é muito criativo e tem iniciativa, mas precisa ter cuidado com a tendência a só fazer o que quer. Tende a ser violento na imposição do que acredita. O posicionamento de Urano em Áries traz uma enorme força para a pessoa, mas também uma dificuldade de autocontrole e uma rebeldia infantil. Busque refletir sobre seus ideais.

Urano em Touro

Você sempre encontra a forma mais prática de lidar com qualquer situação e costuma encontrar pequenas melhorias a fazer no dia a dia, o que é excelente para quem deseja empreender. Há uma facilidade para identificar novas formas de administrar e de lidar com finanças. Nesse caso, Urano muda o imutável, o que foi consolidado. Você deve explorar seus dons criativos, pois esse posicionamento traz consigo muitos talentos artísticos.

Urano em Gêmeos

Você se comunica de forma original e é comum que tenha facilidade com oratória e escrita. É inquieto e está sempre em busca de um novo projeto, de uma nova causa a seguir. Essa posição de Urano revela pessoas impacientes e inconstantes no que diz respeito a seus objetivos. Tente manter-se em um projeto até o fim, pois só assim poderá alcançar as grandes mudanças sociais que almeja, como oferecer a todos o direito à educação.

Urano em Câncer

A presença de Urano em Câncer revela pessoas que buscam ser diferentes de seus pais quanto à forma de ver o lar e a família. Você preza suas relações mais próximas, mas não gosta da hierarquia familiar e tende a ver todos de uma forma igualitária. Além disso, busca ter pessoas exóticas e originais em seu círculo social mais íntimo. Tente evitar gostar de quem não gosta de você.

Urano em Leão

Essa posição de Urano revela pessoas exóticas, com ideias impactantes, e geralmente voltadas à arte e à diversão. Você precisa estar rodeado de pessoas e receber atenção. É percebido pelos outros como uma pessoa excêntrica. É preciso ter cuidado com o ego e com a busca por ser visto a qualquer custo. Existe uma forte tendência a escândalos, então tente expor suas ideias de forma organizada e focada.

Urano em Virgem

Você está sempre pensando em uma maneira de melhorar tudo ao seu redor e costuma inventar novas formas de organização. É um estudioso assíduo e possui bases sólidas para a construção de suas conclusões e seus argumentos. Tome cuidado para não se perder na busca pelo perfeccionismo.

Urano em Libra

Você adora novos padrões estéticos. Em vez de assustá-lo, tudo que é diferente o atrai, principalmente no que diz respeito à arte. O signo de Libra também está muito associado a relacionamentos afetivos. Com Urano em Libra, você procura novas formas de se relacionar, podendo até ter repulsa pelo que foi socialmente estabelecido. Tome cuidado para não ser individualista demais.

Urano em Escorpião

Você é muito sensual: seus desejos são profundos e suas experiências, intensas. Com Urano em Escorpião, você se dispõe a viver como quer, sendo original e ousado. Tome cuidado para não querer mudar o que o irrita nos outros, pois você só pode mudar a si mesmo. Você abraça novas possibilidades sem medo; aliás, o medo não é uma característica sua.

Urano em Sagitário

O posicionamento de Urano em Sagitário revela pessoas com um intenso desejo de liberdade, que necessitam viajar e pensam de forma livre e aberta. Sua grande busca é pela filosofia ideal. Você é otimista e dono de um raciocínio lógico e objetivo. Por isso, detesta preceitos religiosos ultrapassados e que não fazem mais sentido. Cuidado para não ser volúvel demais com suas visões éticas e morais.

Urano em Capricórnio

Você consegue enxergar melhorias sociais ao mesmo tempo que tende a certo conservadorismo. Sua postura de liderança costuma atrair várias pessoas e fazê-las pensar como você. Você gosta de mudanças, desde que não sejam radicais. Tem tendência ao empreendedorismo, mas não à inovação. Você prefere aperfeiçoar o que já existe a buscar fórmulas revolucionárias.

Urano em Aquário

Você quer ver a evolução da humanidade e está disposto a participar ativamente desse progresso. É democrático e, com suas ideias que soam brilhantes a quem se dispõe a ouvi-las, consegue levar as pessoas a agirem. Sua inteligência é voltada para o lado humano, mas você é excêntrico e tende a ser muito individualista. Tente ser sólido em suas teorias e tome cuidado para não ser inconveniente.

Urano em Peixes

Você busca objetivos evoluídos e deseja fugir do materialismo e voltar-se para o lado espiritual. Como é sensível e artístico, precisa estar em lugares esteticamente agradáveis. É importante tentar relaxar, pois você tende a se envolver muito com os problemas alheios. Tome cuidado para não buscar refúgio em drogas, pois isso só vai piorar as coisas.

Urano em cada casa

Urano na primeira casa

Você está à frente de seu tempo e tem uma visão totalmente diferente do comum. Esse posicionamento sugere uma ótima capacidade de liderança. Como pensa de forma diferente, pode ser muito justo ou ter uma postura perversa. Você é magnético e não passa despercebido, mas as pessoas se chocam com sua personalidade e modo de pensar.

Urano na segunda casa

Você consegue inventar novas formas de ganhar dinheiro e tem dificuldade com empregos formais, prezando por sua independência. É provável que passe por momentos de inconstância financeira, mas sua forma de pensar sobre dinheiro e posses é incomum. Com esse posicionamento, você precisa buscar seguir seus próprios projetos.

Urano na terceira casa

Você tem um toque de genialidade, imprevisibilidade e exotismo. É extremamente inteligente, criativo e perceptivo. Se explorar suas capacidades, pode se destacar muito. Você é um bom comunicador e consegue falar fluentemente sobre qualquer tema, mas tome cuidado com o receio que pode causar nos outros e com a tendência à grosseria.

Urano na quarta casa

Sua vida é agitada. É provável que tenha vivido mudanças bruscas na infância e que troque muito de emprego e de parceiro. Essa necessidade de mudança constante traz certo incômodo. Você precisa viver grandes experiências, mas é reservado quanto aos seus desejos. Com Urano na quarta casa, é preciso ter cuidado para não se jogar em relações prejudiciais.

Urano na quinta casa

Você se sente bastante atraído pelo que é diferente, por novas formas de apreciar a vida. Com Urano na sexta casa, é provável que suas formas de diversão sejam peculiares, como novas modalidades de jogos ou danças. Você gosta do espanto, de situações que quebrem a rotina.

Urano na sexta casa

Você gosta de fazer tudo ao seu modo e precisa trabalhar em algo em que possa ter total liberdade. Dificilmente vai se adaptar a empregos formais, pois tem dificuldade em lidar com hierarquias. É extremamente analítico e crítico e busca perfeccionismo em sua área de atuação. Tome cuidado com o estresse, já que tende a ser muito nervoso.

Urano na sétima casa

Você é independente e gosta de pensar por si. Possui muita criatividade, porém pode recear expor publicamente seus talentos. Sente-se atraído por novas formas de relacionamento e por pessoas autênticas. Nos aspectos negativos, tome cuidado para não ser muito individualista em seus relacionamentos. Tente ter maior comprometimento e responsabilidade ao lidar com o amor.

Urano na oitava casa

Intimamente, você tende a ser conturbado. Como a oitava casa está bastante relacionada ao subconsciente, é provável que você tenha poderes psíquicos e mediunidade. Sua forma de ver a sexualidade não é convencional, e você tem uma maneira própria de lidar com segurança e dinheiro. É preciso se precaver quanto às parcerias, pois há uma tendência a se relacionar com quem não gosta de você.

Urano na nona casa

Você é aventureiro e independente e adora viajar para lugares diferentes e mesmo esquisitos. Busca ter conhecimento sobre tudo, gosta de estudar filosofia e pode até criar uma nova forma de pensamento. Você é exótico, inteligente, intuitivo e idealista. Tome cuidado para não acreditar em ideias utópicas. Você pode se dar muito bem em uma carreira fora de seu país de origem.

Urano na décima casa

Você tem um grande poder de mudança nas mãos. É muito criativo e original no que diz respeito aos seus ideais, o que o torna excêntrico e interessante. Pode ser muito insubordinado e desorganizado. Você precisa estar à frente de algo, e daria um ótimo líder. Busque ter bases sólidas, pois sua carreira sofrerá mudanças bruscas e você precisa estar preparado para isso.

Urano na décima primeira casa

Você está sempre rodeado de pessoas de todos os tipos e busca ambientes onde sua criatividade seja apreciada, pois existe uma clara necessidade de inovação em você. É sociável e faz amigos com facilidade, mas não lida bem com relações íntimas. Você quer ser admirado por todos ao seu redor.

Urano na décima segunda casa

Você tende a ser romântico e a ter amores ocultos, mas poucas pessoas conhecem esse seu lado. Precisa se sentir livre socialmente, e isso pode torná-lo uma pessoa altamente reservada. Tudo que é oculto e misterioso o atrai, e sente prazer em estudar artes desconhecidas. Tome cuidado para não ser excêntrico demais.

Netuno

O planeta Netuno representa as áreas em que você mergulha no desconhecido.

Netuno em cada signo

Netuno em Áries

Você é imaginativo, sonhador e pioneiro em projetos. Em geral, os períodos em que Netuno se encontra em Áries são revolucionários. Durante a descoberta da genética, por exemplo, Netuno estava em Áries.

Netuno em Touro

Você é ambicioso, sonha com coisas materiais e pode ter uma intuição muito forte para descobrir negócios lucrativos ou tendências sociais que darão lucro do futuro.

Netuno em Gêmeos

Você gosta de viver novas experiências, mas pode se associar a coisas superficiais. É muito imaginativo e costuma falar sobre seus sonhos e desejos para o futuro.

Netuno em Câncer

Você é emotivo e apaixonado, entregando-se facilmente em suas relações. Sabe adaptar-se a diversas situações e tende a se sacrificar pelas pessoas por quem nutre afeto.

Netuno em Leão

Você é sonhador e entrega-se facilmente aos seus romances e sonhos. Com Netuno em Leão, pode haver uma dificuldade de autoestima, mas isso não atrapalhará o desejo de realizar seus sonhos.

Netuno em Virgem

Você é muito observador e pode até esquecer o ambiente à sua volta ao concentrar-se em um único ponto. É atento aos detalhes, capaz de reconhecer perfumes de longe.

Netuno em Libra

Você é sociável e tem facilidade para fazer novas amizades e encontrar parceiros amorosos. Costuma mergulhar em suas relações e sempre busca agradar às pessoas.

Netuno em Escorpião

Você pode ser obsessivo e autodestrutivo, mas, se desenvolver a maturidade, pode alcançar uma sensibilidade profunda no que diz respeito à espiritualidade e ao oculto.

Netuno em Sagitário

Você adora viagens e aventuras, tem uma grande força de vontade e está sempre em busca de novidades.

Netuno em Capricórnio

Você se entrega às suas atividades de trabalho e é capaz até de doar a vida por uma causa que considerar especial.

Netuno em Aquário

Você é criativo e adora projetos revolucionários. Se encontrar uma filosofia de vida com a qual se identifique, fará tudo por sua crença.

Netuno em Peixes

Você consegue se entregar emocionalmente e não hesita em ajudar os outros. Está sempre pronto para fazer o que for necessário para o bem de todos.

Netuno em cada casa

Netuno na primeira casa

Você vive e expressa-se abertamente. Não consegue esconder nada que sente.

Netuno na segunda casa

Você costuma dar um grande valor à sua vida financeira, podendo ser um *workahollic* que pensa apenas nos bens materiais.

Netuno na terceira casa

Você adora estudar e se dedicar a seus interesses intelectuais. Pode ser um acadêmico muito dedicado ou até um autodidata.

Netuno na quarta casa

Você se doa muito para suas emoções e possui um vínculo forte com sua família e seus amigos.

Netuno na quinta casa

Você adora romances e atividades de descontração. É muito inspirado e pode ter vários dons artísticos.

Netuno na sexta casa

Você é muito detalhista e pode se concentrar por anos em um mesmo assunto ou em uma mesma atividade. Gosta de tudo ao seu modo e não hesita em ajudar os outros.

Netuno na sétima casa

Você gosta muito de agradar às outras pessoas, principalmente em seus relacionamentos afetivos.

Netuno na oitava casa

Você vive intensamente a intimidade e dedica-se totalmente a seus parceiros sexuais. Pode ser solitário e ter dificuldade em se relacionar.

Netuno na nona casa

Você gosta de viajar e se arriscar em aventuras. Para você, é muito importante se sentir vivo e em liberdade.

Netuno na décima casa

Você almeja profundamente o sucesso e o *status* social. Pode se dedicar a relações interpessoais durante toda a vida.

Netuno na décima primeira casa

Você adora participar de grupos, sejam eles políticos, religiosos ou com qualquer outra finalidade. Também é muito criativo e comunicativo.

Netuno na décima segunda casa

Você é muito ligado em espiritualidade e tem uma necessidade de dedicar-se a essa área de sua vida; caso contrário, será uma pessoa perdida, com dificuldade de adaptação social.

Plutão

O planeta Plutão divide as gerações e representa as grandes transformações na vida pessoal.

Plutão em cada signo

Plutão em Áries

Você é muito guerreiro e vai atrás do que quer sem hesitar.

Plutão em Touro

Você gosta de uma vida organizada e estruturada e busca segurança em todos os aspectos.

Plutão em Gêmeos

Você é intelectual e tem grande apreço por pesquisas, por previsões para o futuro e por desenvolvimentos tecnológicos.

Plutão em Câncer

Você é patriota e sente-se profundamente vinculado às suas raízes.

Plutão em Leão

Você é muito focado em seu *status* e tem opiniões fortes e determinantes sobre qualquer assunto.

Plutão em Virgem

Você é organizado e intelectualizado e gosta de hierarquias estabelecidas.

Plutão em Libra

Você é focado em grupos e em *status*. Gosta de agradar a todos os lados e apresenta dificuldade em ter opiniões próprias.

Plutão em Escorpião

Você é sensual e intenso.

Plutão em Sagitário

Você possui uma leveza pessoal, busca conhecer o mundo e não gosta de compromissos rígidos.

Plutão em Capricórnio

Você é prático, focado e inteligente e está entre aqueles que constroem novos padrões sociais.

Plutão em Aquário

Você é revolucionário e muito interessado em tecnologia.

Plutão em Peixes

Você é espiritualizado e muito voltado para suas crenças e para uma conexão com o transcendental.

Plutão em cada casa

Plutão na primeira casa

Você é impactante e costuma causar reações de extremo amor ou ódio quando conhece alguém.

Plutão na segunda casa

Você possui uma ligação muito forte com o dinheiro, vivendo momentos de abundância e outros de escassez durante a vida.

Plutão na terceira casa

Você tem uma dificuldade natural de comunicação e aprendizado, mas, quando desenvolve essas habilidades, acaba sendo um ótimo comunicador.

Plutão na quarta casa

Você estabelece relações fortes com seus familiares e parceiros. Pode ter um amor profundo ou ódio por pessoas da família, o que se refletirá em seus relacionamentos afetivos.

Plutão na quinta casa

Você gosta de situações extremas e precisa de atividades com bastante adrenalina, como pular de paraquedas, para relaxar e sentir-se tranquilo.

Plutão na sexta casa

Você é intenso em seu trabalho e pode ser muito competitivo e alvo de inveja e de confusão dentro do ambiente de trabalho.

Plutão na sétima casa

Você costuma sentir-se atraído por pessoas autodestrutivas, que, de alguma forma, farão algum mal para si mesmas. Você é intenso e possui um grande poder de transformação.

Plutão na oitava casa

Você pode ter muita dificuldade em se conhecer e em conectar-se intimamente com outras pessoas.

Plutão na nona casa

Você precisa de rompimentos e de viagens para outros países, pois tem uma grande necessidade de sentir-se livre.

Plutão na décima casa

Você vive intensamente sua carreira profissional. É muito impactante e causa amor ou ódio por onde passa, já que está sempre em evidência.

Plutão na décima primeira casa

Você costuma ter dificuldade em lidar com amizades. Como é muito intenso, é capaz de transformar a visão e a vida das pessoas de seu círculo social.

Plutão na décima segunda casa

Você tem uma vida espiritual muito conturbada, com aptidão para a mediunidade e com facilidade para ter contato com seres de outra dimensão.

Este livro foi composto em Adobe Garamond e Bliss Pro
e impresso pela Intergraf para a Editora Planeta do Brasil
em janeiro de 2017.